Enrique Gallud Jardiel

EL VIAJE
DE LA INDIA

Ápeiron Ediciones

2024

Enrique Gallud Jardiel

El viaje

de la India

1.ª edición, 2024

© Del texto y de los dibujos, Enrique Gallud Jardiel
© De la imagen de portada, José Rubies
© Ápeiron Ediciones

C/ Príncipe de Vergara, n.º 132, planta 9
28002   Madrid
Tfno. (+34) 637 10 99 20
E-mail: info@apeironediciones.com
http://www.apeironediciones.com/

Diseño y maquetación: Ápeiron Ediciones

Papel procedente de fuentes responsables

ISBN: 978-84-128256-8-8
Depósito legal: M-8122-2024

ÍNDICE

Desdeñando el poco equilibrio que proporcionaba la panzuda Vespa y confiados plenamente en la resistencia de la Lambretta, emprendimos mi madre y yo un periplo singular: media vuelta a la India (ya que la vuelta entera habría necesitado un tiempo y un presupuesto del que no disponíamos entonces).

Yo era un niño irresponsable de 14 años y mi madre era una mujer más irresponsable todavía de 39. Los amigos intentaron disuadirla: «Mariluz, ¿te vas a ir en moto por esas casi inexistentes carreteras de la India con un niño?». La respuesta era: «Sí, me voy». En aquel momento aquello parecía una buena idea y muchos años después y reflexionando sobre lo que hicimos creo que no era buena: era sencillamente magnífica. Volvimos vivos, porque Shiva protege a los intrépidos, a los audaces, a los temerarios y hasta a algunos cretinos como nosotros. El caso es que tuvimos siete accidentes y aun así volvimos.

No me detendré en los antecedentes. Mi madre siempre había querido conocer los templos del sur de la India y, estando yo de vacaciones con ella, decidió hacerlo de la manera más directa. Trenes y autobuses nos habrían complicado mucho la vida. Así es que optamos por la moto y la autonomía.

Cogimos un tren en Nueva Delhi, con la moto en el vagón de equipajes, y nos dirigimos a la ciudad de Madrás, punto de partida de una aventura de un mes y 4 000 kilómetros de caminos ignotos, muchos de los cuales existían en el mapa, pero no en la realidad, pues estaban aún sin construir. Eso fue algo que aprendimos a las duras: los cartógrafos indios son muy patriotas, muy optimistas y bastante visionarios: dibujan el futuro.

MAHARASHTRA

Ajanta
Nasik Elora Aurangabad
Ahmednagar
Bombay
Elefanta

ORISSA

Mahabaleshvar
Chiplun

ANDHRA
PRADESH

KARNATAKA

Calangute GOA
Margaon
Karwar
Gokarna Jog Falls
Tarikere
Halebid
Velur Hassan
Mahishuru
Mudumalai Bandipur
Udhagamandalam
Koyambattur
Kodalkanal
Madurai

Kanchipuram Madrás
Vedantangal Mahabalipuram
Tiruvanamalai Pudducherry
Chidambaram
Kumbhakonam
Tiruchirapalli Thanjavur

KERALA

TAMIL
NADU

Mapa aproximado
del itinerario
sin contar las vueltas
y las veces que nos
equivocamos de carretera

8

DÍA 1 — MADRÁS — MAHABALIPURAM

En llegar a Madrás tardamos dos días de nada. Dos días seguidos de ferrocarril tienen un efecto curioso sobre el ser humano. Al llegar a tu destino ya no recuerdas quién eras, qué hacías ni dónde vivías antes de tomar el tren. Crees que toda tu vida no ha consistido nada más que en viajar en él.

Madrás ahora se llama Chennai —ha vuelto a su antiguo epónimo— y hace bien, porque 'Madrás' es un nombre estúpido para una ciudad, ya que deriva o bien de una tal familia Madeiros portuguesa o del hecho de que hubo allí una famosa *madrasa* o escuela coránica. Es la capital del estado de Tamil Nadu, centro de la cultura drávida, que no se lleva muy bien con la cultura sánscrita del norte; y digo esto para que se entiendan luego los conflictos lingüísticos a los que tuvimos que enfrentarnos (y vencer, para poder subsistir).

Como fuere, llegamos a Madrás sin intención de quedarnos allí, pues las metrópolis pueden ser agobiantes y las cuatro indias —Nueva Delhi, Bombay (Mumbai), Madrás y Calcuta (Kolkata)— son megametrópolis, más bien, con ocho habitantes por cada mosquito. Pero unas horas de atasco en la estación no nos las quitó nadie. Al parecer era domingo (lo era: no es que solo lo pareciera) y por algún misterio burocrático no podían entregarnos la moto hasta el día siguiente. Oficinas de la estación, papeleo, ruegos, no sé si sobornos (yo no me enteraba de casi nada, pues como buen español, no sabía inglés). Al final se nos dio el permiso, pero, ¡oh!, el vagón que contenía nuestra Lambretta estaba sellado con un candado sin llave o cosa parecida. Durante una hora trabajaron denodadamente los mozos de la estación para romperlo con un mazo.

Cuando por fin la moto apareció, apoyada sobre unos cuantos sacos de grano, la recibimos con júbilo y abrazos. Pero, ¡claro!, no tenía gasolina, pues no se la podía transportar con el depósito lleno. Así es que hubo que empujarla durante un gran trecho por las calles concurridas (¡vaya un *understatement*!) de la ciudad hasta una gasolinera. Mi madre empujaba y yo iba cargado con dos grandes bolsos y dos grandes cantimploras, preguntándome si aquellas vacaciones con mi madre, esperadas por la promesa de que después de los templos visitaríamos parques nacionales con animalitos, no iba a ser un gran error.

Los indios no viajaban en aquellos días por carretera, por lo que solo estábamos nosotros y los autobuses de línea, con la ventaja en favor de estos que ellos sí se sabían el camino. Pero como nosotros no nos lo sabíamos y como los letreros estaban solo en támil (una lengua dravídica con una dificultad de aquí te espero) y como mi madre se había aprendido las letras de ese alfabeto precisamente para poder leerlos pero se las había aprendido poquito, en cada bifurcación de aquellos polvorientos caminos machadianos con aspiración de carretera nacional nos veíamos en la necesidad de parar nuestra moto, bajarnos y, arrodillados junto al mojón o contemplando de cerca el poste, descifrar laboriosamente aquellos topónimos que tenían con las localidades que aparecían en el mapa un parecido semejante al que una gamba tiene con un pulpo, que con ser ambos productos del mar no son susceptibles de que se les confunda.

Me dirá el lector (no sé cómo, pero me lo podría decir) que era más sencillo preguntar el camino, pero cuando mi madre inquiría, por ejemplo, cuál era la carretera que llevaba a Tirukkalikkundram, algo no debía de pronunciar bien, porque los nativos ponían cara de no conocer ese lugar, que probablemente estaría a un tiro de piedra sin hacer mucha fuerza. O nos mandaban a otro lugar sin pronunciar las vocales, dejándonos con la duda de si era allí a dónde queríamos ir. Todo esto nos produjo retrasos y vueltas que no añadimos al contaje de kilómetros para que el ridículo no quedase plasmado y eternizado en ninguna crónica como la presente, escrita —he de confesar— cincuenta y un años después de efectuado el viaje, lo que demuestra el grado de pereza que puede llegar a dar el propósito de poner por escrito al regreso de un viaje todo lo que durante él te ha sucedido.

Queríamos ver templos y ¡vaya si los vimos! ¡Por docenas! En cada villorrio del camino había siete y así de grandes. Mencionaría que pasamos por Sriperumbudur, pero sospecho que esto impresionaría muy poco al lector occidental, que igual no ha oído nunca el nombre de este bello poblado, muy poblado, porque se me ha olvidado decir que la India está llena.

Nos dirigimos hacia el sur, a Kanchipuram, una de las siete ciudades más sagradas de la India, ya que en la categoría de ciudades sagradas «menos sagradas» hay literalmente cientos, pues el panteísmo hindú no conoce límites y si son de naturaleza divina los montes, los ríos, la flora, la fauna, los planetas y todo lo demás, las ciudades no se iban a quedar fuera, y mucho menos lo iba a hacer Kanchipuram, centro religioso hindú, budista y jainista, donde además fabrican unos *saris* de seda que, salvando las distancias, son una cosa más bella que la cerámica de Manises y que, además (y a diferencia de la cerámica), te los puedes poner.

En esta ciudad hubo 1000 templos, dice la tradición, de los que solamente quedan unos 400, con los que los devotos del lugar no tienen ni para empezar. Hay cinco monumentales y los visitamos apresuradamente (nos dieron las tantas), disfrutando de las magníficas estatuas que ilustran los mitos cosmogónicos hindúes. Yo quedé realmente impresionado ante aquella magnificencia y con tortícolis de mirar para arriba a los espectaculares *gopuram* o torres de entrada, con un montón de niveles y cientos de figuras policromadas. No describo más, para ahorrar papel.

Cualquier templo hindú es algo digno de ser visto y probado (lo digo así, porque en ellos te dan de comer). Allí la gente adora a sus dioses, se tumba a dormir en el suelo, saca la tortilla y come (no la tortilla exactamente, pero ustedes ya me entienden), escucha a los maestros, se pasea, canta, baila, lava la ropa y para las familias es como un pícnic devoto. La gente ríe y hace ruido, mientras los niños juegan. No hay en absoluto temor ni exceso de reverencia, aunque sí genuino respeto y, señores, alegría. No flotan en el ambiente las ideas de castigo, pecado, muerte, culpa ni esas zarandajas. El acercamiento del hindú a sus deidades está limpio de polvo y paja, y es una experiencia gozosa.

Pero nosotros teníamos que seguir nuestro camino hacia Mahabalipuram, la ciudad costera que es la sede del gremio de escultores sacros, por así decirlo, que han hecho de ella un muestrario viviente de la escultura india. Pasamos por Chengalapattu, por el Tirukkalikkundram de las narices (¡estaba allí!) y por algunos otros sitios de cuyo nombre no es que no quiera, es que no puedo acordarme. Ciento treinta y ocho kilómetros de los de antes.

Aquella noche recuerdo que, tras instalarnos en el hotel, fuimos a la playa. Oír en una playa completamente oscura el rugir del Índico daba bastante miedo. Creo recordar que casi no me atreví a llegar a la orilla a mojarme los pies.

DÍA 2 — MAHABALIPURAM — PUDDUCHERRY

El nombre de Mahabalipuram está puesto en honor de un gran demonio llamado Bali, que asoma su índica gaita en más de un mito y que debió de portarse bien con mucha gente, pese a su carácter demoníaco, pues en muchos lugares se le venera. Quizá tendríamos que darles un repaso a nuestros conceptos de dioses y demonios e irlos actualizando.

Visitamos la ciudad de los escultores y los vimos trabajar en directo. Madrugamos para ello, pues el calor hace que inicien su jornada laboral bien pronto. Y nos compramos enseguida una preciosa estatua de piedra de medio metro de alta que estaba tirada (de precio y en un rincón del taller del artista). Llevarla en la moto el resto del mes no parecía una buena idea, pero quedaron en mandarla por correo a Nueva Delhi, poniendo bastantes sellos y así lo hicieron. La figura era la de Ganesh, dios de la inteligencia, aunque nosotros no fuimos muy inteligentes, pues nos costó un dinero que luego nos faltaría. Pero no adelantemos acontecimientos.

Visitamos lo visitable en un plisplás indoario: reproducciones de templos, estatuas varias, un bajorrelieve en piedra de aquí te espero, todo un escaparate de la industria local que abastecía a muchos templos de la India y del extranjero mediante encargos.

Nos bañamos en la playa, pero poquito, pues se divisaban aletas de tiburones. Salí del agua para hacerles fotos, porque me pareció algo digno de verse y, como suele ocurrir, en la foto esas cosas no se ven, son demasiado pequeñas, por lo que durante toda mi vida he tenido que aguantar las miradas de incredulidad de todos aquellos a los que conté que «nadé en una playa llena de tiburones». Este mensaje va para los aficionados al postureo: es algo inútil, porque la gente no se cree nada.

No me detendré en describir todos los lugares que vimos, porque esto no es una guía turística, por pereza, para evitarle el aburrimiento a los lectores y principalmente porque no me acuerdo de todos. Y porque no quiero mezclar esos recuerdos con los de mis visitas posteriores a los mismos sitios. Mi intención es trasladar la sorpresa de un niño que hasta entonces no había salido de su pueblo, por así decirlo, ante aquellas maravillas arquitectónicas y aquellos paisajes construidos a base de palmeras.

Dirigimos entonces el rodaje de nuestras ruedas, que no nuestros pasos, hacia Vedantangal, un santuario de pájaros acuáticos. Y nos pegamos el primer trastazo con la moto. Mi «viaje iniciático» se inició de este modo: descubriendo la peligrosidad de la vida, pues yo no sabía entonces cuánta era la pericia de mi madre con la Lambretta. Afortunadamente, fue una caída suave —marchábamos muy despacio— y salimos de ella con solo unos codos lesionados y con la moto indemne.

Llevábamos ya tres días sin escuchar una palabra de hindi, que es el idioma nacional, y los intentos de mi madre por comunicarse eran rudimentarios. En inglés la cosa no mejoraba en exceso. De hecho, en un pueblo le preguntó a un señor donde podíamos adquirir papel higiénico y nos indicó que fuéramos a la comisaría de policía.

Llegamos al mediodía al santuario y el calor era abrasador, como es su obligación en aquellas tierras. No había nadie. Nadie ni ninguno, al parecer. Bueno, salvo dos o tres patos y algunas vacas vulgares. La lección que aprendimos en aquellas dos horas de estar sentados sin hacer nada (ni ver absolutamente nada) es que no tiene sentido ir a observar pájaros sin unos prismáticos. Ya lo sabíamos para la vez siguiente, solo que en mi caso no hubo vez siguiente, porque me hastié tanto en aquellas dos horas que no he vuelto a ir a ver pájaros a ningún sitio en toda mi vida.

Cruzamos Tindivanam, la ciudad de los tamarindos (un dato superfluo, porque no vimos ninguno; al parecer, los tamarindos son unos señores muy tímidos que no salen nunca de casa) y enfilamos la carretera con rumbo a Puducherry, que los ingleses denominan Pondicherry (las transliteraciones que los ingleses hicieron de lo que les decían son terribles).

El lugar fue colonia francesa, pues antes de que los británicos se emperraran (y lograran) quedarse con la India, los portugueses, los franceses y los holandeses ya lo habían intentado, con éxito parcial. Mi madre tenía especial ilusión por llegar, pues suponía (suponía no, creía firmemente) que encontraría librerías con libros en francés, lengua que dominaba a la perfección y cuya lectura echaba de menos. Y si había libros en francés en toda la India, tendrían que estar allí.

Pero su gozo cayó en el proverbial pozo, pues cuando llegamos a la ciudad costera (por estar en la costa y por lo mucho que nos costó el hotel), a la que se anuncia con carteles de «Ciudad latina», solo vimos tiendas de vinos, alternadas con otras tiendas de licores en general. Los «colonizadores» no dejaron allí ni la costumbre de leer ni tampoco la tortilla a la francesa o alguna variedad de *crêpe*. Nos fuimos dando cuenta de que en Pondicherry no habla francés ni *Dieu* y que los habitantes no estaban ni orgullosos ni avergonzados de su pasado galocolonial, porque muchos ni lo sabían. Francia llegó a la exótica costa de Coromandel y tal como llegó, se fue cuando la echaron, dejando atrás solo el vino.

Téngase en cuenta que en aquellos años aún pesaban sobre el país las palabras del *mahatma* Gandhi prohibiendo el alcohol. Se consumía poco, se vendía en tiendas muy limitadas y con horarios muy restringidos y hasta llegó a estar totalmente prohibido en varios estados, como una ley Volstead indogangética. Comparado con la parquedad de otros sitios, aquel inmenso despliegue de tiendas de caldos (como los llaman ahora los que dicen que la enología es cultura) era casi obsceno.

Aquella noche dimos una vuelta por el paseo marítimo (la ciudad no ofrece ningún otro interés) y vimos a toda la gente que mantenía en pie el comercio local: docenas y docenas de indoborrachos.

DÍA 3 — PUDDUCHERRY—TIRUVANNAMALAI

Salimos (escapamos) de aquel lugar tan falto de encanto y nos dirigimos hacia el interior por una carretera que debió de tener algún pariente en el tribunal cuando se examinó de carretera, porque no cumplía ninguno de los requisitos necesarios para tal puesto.

Por ello, al salir de Viluppuram —ciudad histórica por la que los ingleses y los franceses se habían dado de tortas en el siglo XVIII, durante las llamadas Guerras carnáticas— y debido al estado del firme (al que se podría calificar de «inexistente»), nos caímos de la moto por segunda vez, aunque sin mayores consecuencias para nuestra integridad (la física, porque la integridad moral de mi madre quedó maltrecha por dos caídas en tres días, lo que no era un porcentaje muy halagüeño).

En el lugar en donde tuvimos el accidente había un cartel que rezaba: «DEAD SLOW», que viene a aconsejarte que vayas muy despacito, pero cuya ambigüedad a la hora de traducirse («muérete lentamente») parecía sorna y que la carretera se burlaba de nosotros.

Ese día mi noción de lo que es una palmera varió por completo. Las de Valencia o Alicante que yo conocía eran elementos decorativos. Aquí parecían una invasión con la que el reino vegetal intentara expulsar al reino animal del planeta, a base de no dejarle sitio.

Por la tarde se mostró ante nuestros ojos la esplendorosa Arunachala, la colina de Shiva, sobre la que habré de decir algo, so pena de que el lector empiece ya a aburrirse cuando solo estamos al inicio de este escrito.

Dejamos la Lambretta (con nuestro equipaje y cantimploras) al pie de la montañita, al cuidado de unos niños que había por allí y que se ofrecieron amablemente a hacerlo y trepamos por la colina sagrada.

Según cuenta el mito, Vishnu y Brahma se enzarzaron en una discusión sobre cuál de los dos era más poderoso. Entonces Shiva, decidido a aclarar las cosas de una vez por todas, se materializó en la colina, en medio de ambos, en la forma de una columna de energía, sin principio ni final, dejando a los dos dioses avergonzados de su vanidad.

Shiva es el dios de la naturaleza salvaje y a la vez, el Señor de la Danza. Creo recordar que en *Así habló Zarathustra* dice el protagonista «Yo solo creería en un dios que supiera bailar». Pues bien: Shiva baila. No solo eso, sino que su baile *tandava* es la danza cósmica que mantiene el movimiento del universo. Si le da por detenerla, el cosmos se detendrá asimismo y nos iremos todos y todo a hacer gárgaras.

¿Qué vimos en aquella montaña? Pues camisas desechadas de serpiente a montones. Mi madre me contó entonces —entre jadeos— la historia de Ramana Maharshi, a cuyo *ashrama* nos dirigíamos para pasar dos días.

El Maharshi (apelativo que significa «gran sabio») está considerado como el último de los grandes maestros de la filosofía monista del advaita vedanta. Murió en 1950 y parece ser que después de él no ha habido ningún maestro verdadero ni ningún *guru* que no sea un impostor. Pasó de joven por una experiencia de muerte física, abandonó su hogar, su subió a la colina, se sentó bajo un árbol y allí se quedó toda su vida. Dedicó sus enseñanzas a la búsqueda del yo. «¿Quién eres?», preguntaba a cualquiera de los visitantes que acudían a él en búsqueda de enseñanzas. «Yo soy Ram Kumar», le contestaban (por ejemplo). «No te pregunto tu nombre. ¿Quién eres tú?» «Soy médico en Madrás». «No te pregunto ni tu profesión ni tu ciudad, sino tu esencia. ¿Quién eres? Hazte constantemente esta pregunta hasta que empieces a entender algo más profundo». Esta era su herramienta.

En el *ashram* de Ramana nos acogieron por la noche, con bastante alegría porque unos occidentales se interesaran por su maestro.

DÍA 4 — TIRUVANNAMALAI

Dicen que la gente muere de hambre en la India. Es la mentira más falaz que recuerdo haber oído, pues en sus templos y *ashrams* se ofrece comida gratuita a todo el que llega allí y se sienta. No hay ni que pedirla: basta acudir a la hora, ponerse en fila y sentarse.

Otra cosa es que te guste la comida.

Nuestro *ashram* no era menos. Nos dispusimos a desayunar y nos dieron una especie de bollos hechos con arroz apelmazado que sabían a... Bueno, solo diré que había un montón de monos en la ventana que parecían hambrientos. Yo les di mi comida y se la llevaron, pero no volvieron. Por algo sería.

Nos mostraron todas las dependencias del lugar y mi madre habló con nuestros anfitriones largo y tendido sobre hinduismo. A lo lejos se escuchaban los cánticos de un grupo de niños que entonaban dísticos de los *Vedas*, pues el *ashram* seguía una rutina de celebraciones que de seguro no habría gustado a Ramana, que era un sabio-santo nada convencional y estaba en contra de todo tipo de rituales, por considerarlos inútiles para el avance espiritual. Él solo creía en el *jñana yoga*, esto es: en el yoga del conocimiento. Solo se puede avanzar a base de inteligencia y de mejorar nuestra mente, decía. La devoción y el rito no te llevan a ningún sitio.

Así que la pena era que sus seguidores no hubieran entendido ni respetado sus enseñanzas. Pero, bueno: lo mismo le pasó al Buddha, que si resucitara y viera en lo que las diversas sectas han convertido al budismo, se volvería a morir inmediatamente.

Por la tarde visitamos el templo de la ciudad que era monumental, como todos los de la zona, por más que la ciudad no apareciera en ninguna guía turística.

Así fui yo completando mi educación en la mitología (¿o debería llamarla Historia Sagrada?) hindú, pues aquel templo, con sus estatuas y sus frescos, era un didáctico tebeo de historietas de dioses y semidioses, donde aparecían todos.

Vale: todos no, pues los dioses hindúes son miles, pero allí estaban los principales, junto con otras criaturas acompañantes: versiones indias de los centauros, las náyades, las ninfas, los demonios, los diablos (allí estos dos últimos no son lo mismo) y los animales que sirven de vehículo a todos ellos.

Para no confundir al que ignore esto he de especificar que en la India no hay muchos dioses, sino muchos aspectos de uno solo. Es como cuando hablamos de la Virgen del Carmen como distinta de la Virgen del Pilar. Todos sabemos de qué estamos hablando. En las *upanishads*, un discípulo le pregunta a su anciano maestro: «¿Cuántos dioses hay?». «Treinta y tres mil», responde este. «Venga, dime la verdad», insiste el alumno. «Son treinta y tres», rectifica el *guru*. «Sé sincero conmigo, por favor, maestro». «Lo dejaremos en treinta y tres». «¿Treinta y tres?». «Vale: son solo tres», reconoce el sabio. «¡No me mientas!», exige el joven. Y finalmente afirma el anciano: «Solo hay uno, pero es tan grande que abarca todo lo que hay, incluso a ti o a mí». Quien se queda en lo superficial, se cree los treinta y tres mil. Quien insiste en su aprendizaje, encuentra otra realidad.

Pues mi madre me estuvo ilustrando toda la tarde sobre el asunto, al irme explicando todas aquellas escenas y por qué los dioses tienen varios brazos, y qué significaba tal o cual color, y por qué las deidades se empeñaban en llevar en la mano tal o cual objeto (como la gente actual lleva el móvil), y por qué sus rostros tienen a veces más ojos de los normales, y todas esos detalles singularmente exóticos pero simbólicamente poderosos. Ella se sabía todas esas historias —era una enamorada de la cultura védica— e imagino que, si no conocía alguna, se la inventó en el momento, pero el caso es que yo quedé completamente satisfecho de aquella lección magistral ante aquellas obras de arte en piedra y pintura que se hicieron precisamente para eso: para ofrecer a los visitantes más o menos analfabetos el «quién es quién» del hinduismo.

DÍA 5 — TIRUVANNAMALAI — KUMBHAKONAM

Abandonamos el *ashram* tras dejar un donativo para compensarlos de la hospitalidad que nos habían ofrecido y del arroz que se llevó el mono (¡infeliz!) y partimos hacia nuestro siguiente destino que era (¿cómo no?) otra ciudad sagrada: Kumbhakonam esta vez.

Fue entonces cuando nos encontramos con nuestra primera serpiente.

Bajábamos un solitario puertecito de montaña (no era gran cosa) y quisimos entrar en modo ahorrativo, por lo que apagamos el motor de la moto y aprovechamos la fuerza de la gravedad para hacer kilómetros sin consumir combustible. No hacíamos casi ruido, claro está. Y al volver una curva vimos una cobra que estaba cruzando la carretera. Si la carretera medía seis metros de ancho, la serpiente no tenía menos de cinco. Parecía casi inevitable que la atropelláramos, porque ocupaba toda la calzada.

Mi madre frenó en seco y la moto se detuvo como a medio metro de la interfecta, que hizo eso que hacen todas las serpientes cuando se sobresaltan: se irguió amenazante un momento... y luego se marchó corriendo (reptando, vaya), hacia los matorrales de la cuneta. Nosotros nos quedamos petrificados, pero estoy convencido de que el susto que se llevó ella no fue menor. Era un bicharraco imponente, como de unos diez centímetros de grosor, con una capucha preciosa. Su contemplación en posición de ataque durante aquellos breves segundos era terrorífica. Creo que muchos de los que mueren cada año por su mordedura fallecen del corazón, de la impresión, antes de que el veneno les pueda hacer efecto.

Como es sabido (y si alguno no lo sabía, que lo aprenda), las serpientes son sagradas en la India (como muchos otros animales). Se hallan asociadas en los mitos a diversos dioses y se las venera en los templos, pues son las guardianas del subsuelo y de los mundos inferiores. Cuando alguien se las topa, suele hacerles un saludo ritual y recitar un *mantra* o fórmula invocatoria a los dioses, y en la mayoría de los casos el animal sigue su camino. Por lo general, las serpientes son tímidas y cualquier ruido hace que se quiten de en medio y te dejen pasar sin que sospeches que están por allí. Para que te muerdan, tienes que esforzarte mucho y pisarles el rabo (por cierto: ¿tienen rabo las serpientes?; y si lo tienen, ¿dónde empieza?).

Excuso decir que para mí aquel pequeño episodio fue impactante. ¡Mi primera cobra! Seguro que en todo mi colegio no había ningún otro chaval que hubiese vista una tan de cerca y al natural. Recordé el terrible cuento *Rikki-Tikki-Tavi*, de Kipling, en el que una magosta defendía a un niño de una malvada serpiente que se empeñaba en entrar en su casa. Supe entonces que a las cobras no les gustan las casas.

Los problemas idiomáticos continuaban. Le dijimos a un señor una sola palabra, únicamente el nombre del lugar al que nos dirigíamos y se limitó a respondernos que no hablaba inglés.

Al mediodía estábamos en Chidambaram, con un templo más grande que dos campos de fútbol, porque se me había olvidado mencionar el nada insignificante detalle de las dimensiones.

El lugar, construido en el siglo X, estaba dedicado a la danza, presidida por Shiva, y mostraba en piedra las 108 posiciones que conforman el baile clásico *bharatnatyam*, perdido durante siglos y recuperado gracias a estas estatuas. Todo aquello de lo que me impregné en esa visita y en otras parecidas me permitió años más tarde escribir con conocimiento de causa sobre mitos y aspectos religiosos del hinduismo. Entonces, sin embargo, yo lo único en lo que pensaba era en lo mucho que me estaba maravillando todo aquello. No tiene sentido que intente describirlo con palabras. El lector curioso puede buscar imágenes de estos templos y sentirá —estoy convencido— el síndrome stendhálico igual que yo lo sentí.

Y añadiré aquí, a modo de reflexión, que la estética con que te tropiezas en tu infancia determina tus gustos de mayor. Por eso a todo el mundo le parecen más bonitas las jotas de su pueblo que las de la provincia de al lado: porque su gusto se ha formado así. En lo referente al arte oriental, aquellos materiales, formas y colores determinaron mis preferencias y las formas artísticas tailandesa o nepalí, que a muchos entusiasman, nada me dicen a mí, acostumbrado a aquel estilo de la India antigua.

Tras empaparnos de todo aquello, emprendimos la marcha y ¿qué tocaba aquella tarde? Pinchazo.

Un pinchazo en una Lambretta supone tan solo una media hora de pringarse para cambiar la rueda si eres lo suficientemente previsor como para llevar una rueda que poder cambiar. Nosotros teníamos pinchada la rueda de repuesto, así es que nos quedamos clavados en medio de la nada, sin posibilidades de arreglo. El pueblo más cercano estaba a ocho kilómetros.

Empezó a salir gente (principalmente niños) de detrás de los árboles y de debajo de las piedras (en la India, aunque creas que estas solo en medio del campo, es mentira: hay cientos de personas) y a sentarse enfrente de nosotros para disfrutar del espectáculo de dos *firangi* (hombres blancos), sentados en la cuneta junto a una moto.

Y entonces sucedió una de esas cosas que suceden en la India, país en donde lo posible es imposible, pero lo imposible es posible. Apareció un señor de por allí, montado en una bicicleta y se brindó a llevarse la rueda al pueblo más cercano y traérnosla arreglada. No había otra opción y así se hizo. Ató la rueda de la moto en la bicicleta y siguió camino pedaleando despacito.

El hombre se marchó, hizo los ocho kilómetros, llegó al pueblo, llevó la rueda a un taller, esperó a que la arreglaran, pagó el arreglo, regresó todo el camino con la rueda hinchada (habían pasado varias horas y ya era noche cerrada), nos ayudó a cambiarla, nos dio té que traía en un *thermo* y no solo se negó a coger la gratificación que mi madre quería darle por su ayuda, sino que tampoco quiso aceptar ni siquiera lo que había pagado por el arreglo.

Aquellas horas de espera las pasamos en intentos de conversación con las dos docenas de personas que pasaron por allí y que se sentaron con nosotros a hacernos compañía mientras esperábamos. Aquella gente era muy amable y no tenía televisión.

Llegamos a Kumbhakonam de madrugada y nos metimos en el primer hotel que encontramos (íbamos improvisando sobre la marcha), aunque tuvimos que despertar a timbrazos al gerente, que hay que reconocer que no se molestó en absoluto, porque evidentemente valoraba el sueño menos que a los huéspedes.

DÍA 6 — KUMBHAKONAM — TIRUCHIRAPALLI

Nos habíamos dormido en lo que parecía una calle solitaria del extrarradio y, al despertarnos por la mañana, nos encontramos con que era la arteria comercial principal del lugar y que estaba a escasos cien metros del templo principal. Había allí gente para aburrir, aunque ellos no parecían muy aburridos, sino al contrario: iban de acá para allá con un propósito definido y hasta con algo de prisa. Aquel mercado mostraba la vida del país en todo su esplendor.

(Tras el colorido, el sonido y la exuberancia de la India y ya desde entonces, siempre que regreso y me bajo del avión, mi primera impresión de España es la de haber llegado a un lugar deshabitado, silencioso y en blanco y negro).

¿Se sorprenderá el lector si le digo que Kumbhakonam es una ciudad sagrada? Probablemente no. Tiene doscientos templos, pero nosotros no los vimos todos, solo unos pocos.

Cuenta la leyenda que el dios Shiva recogió el néctar de la inmortalidad en un recipiente (*kumbha*), pero con tan mala pata que se le rompió y su contenido cayó en este lugar, formando un estanque, en el que en cierto día del año se reúnen dos millones de personas. Afortunadamente, no era el día en que nosotros caímos por allí.

Nos dirigimos a Thanjavur, centro histórico de los Chola (una dinastía real de por aquellos andurriales, como se habrán imaginado), en la que había también (sí: lo han adivinado ustedes) varios templos dignos de mención y visita.

Seguro que pasaron otras muchas cosas interesantes, pero, señores, ya casi no me acuerdo de aquel día.

Pero de la noche, sí; porque en Tiruchirapalli, donde pernoctamos, casi prendimos fuego al hotel. Para protegernos de los ávidos mosquitos tamiles empleábamos un producto, una forma de incienso que ahuyentaba a los pequeños atacantes. Venía en forma de espiral. Le prendías fuego y se iba consumiendo lentamente, liberando un humo medicinal.

Solo que, por algún motivo, cayeron brasas sobre algo quemable y cuando nos despertó el humo, la silla en la que reposaba la espiral estaba en llamas. Imagínense el susto. Tuvimos que apagarlas acarreando vasos del cuarto de baño e indemnizar con 50 rupias al hotel a la mañana siguiente.

DÍA 7 — TIRUCHIRAPALLI — MADURAI

Aquel día aprendí una lección importante: hay libros que mienten.

La ciudad de Tiruchirapally (llamada también Trichy por esa manía que tienen los ingleses de usar palabras cortas, que son más fáciles de aprender) está emplazada alrededor de una inmensa roca de ochenta y tres metros de altura sobre la que se alza un templo dedicado a Ganesha, el dios de la inteligencia, que tiene, claro está, cabeza de elefante, porque lo de ser el más inteligente con una cabeza humana no resulta muy creíble. Para acceder al templo había que subir —según la guía— por unas larguísimas escaleras que en forma de espiral rodeaban la roca, permitiendo unas preciosas vistas de la ciudad.

Sin embargo, cuando nos dirigimos allí bien tempranito para que el día nos cundiera, no encontramos ni escaleras ni espiral alguna. Preguntamos y nos indicaron una especie de abertura al pie de la roca. Señores: ¡había un túnel vertical! ¡La roca estaba horadada desde su base hasta la cima y las escaleras eran rectas y estaban en el interior! La guía mentía. El que la escribió ni había estado allí ni preguntado a nadie cómo era aquella salvajada de escalera, ni siquiera había visto una foto. Más tarde consultamos otras dos guías ¡y decían lo mismo! Así es que por primera vez en mi vida me topé con mentiras impresas, con autores que se inventaban las cosas o directamente copiaban lo que escribían otros. ¡Ya ven qué chasco!

Aparte de esto, aquella obra de ingeniería era para caerse de espaldas y rodar los trescientos cuarenta y cuatro escalones de aquel devoto túnel.

Cerca de la ciudad pasa el río Kaveri (sagrado también) y por allí está la isla de Srirangam, en la que existe un inmenso templo dedicado al dios Vishnu, que es el más grande de todos los que existen (es más grande el templo, no el dios, sobre cuyo tamaño no puedo dar datos fidedignos). Tiene el recinto 600 000 metros cuadrados, un perímetro de cuatro kilómetros, veintiuna torres y se encuentra rodeado por siete murallas. Incluso yendo a matacaballo, se nos fue todo el día en darle una vuelta. Hay allí salas con miles de columnas (literalmente miles) y unas esculturas apabullantes por su belleza.

Una de tus torres está forrada con placas de oro y tiene alrededor una cerca electrificada, por si algún agnóstico no respeta el lugar y pretende llevarse un cacho del templo a su casa como recuerdo.

El lugar es muy sagrado porque, según el mito, Vishnu se detuvo allí un momento nada más en cierta ocasión en la que el águila Garuda, que es su cabalgadura y quien lo transporta a todas partes, se despistó y tuvo que detenerse a preguntar el camino.

Al poco de salir de la ciudad, se nos rompió el cable del embrague.

¿Se puede conducir una moto sin tener embrague? ¡Pues ya lo creo que se puede! El procedimiento es el siguiente: estando en punto muerto aceleras mucho, mucho, metes la primera a la fuerza y entonces la moto pega un salto descomunal hacia delante y comienza a andar. Vas metiendo las marchas a las bravas y haces lo mismo a la hora de frenar. Para volver a avanzar, repites el procedimiento.

Eso tuvimos que hacer varias veces, pues nos detuvimos en varios lugares en los pueblos siguientes del camino, pero no tenían repuestos de cables. Tras saltar varias veces (con el consiguiente maltrato a la pobre moto, que tan bien se estaba portando con nosotros y que estaba ya de raspada que daba pena verla tras las caídas) dimos con un taller con repuestos. Allí se rieron mucho, pero, afortunadamente, nos la arreglaron en un periquete.

Ahora diré algo del camino.

La distancia que solíamos recorrer diariamente oscilaba entre los 100 y los 200 kilómetros, pero hay que tener en cuenta que el estado de las carreteras no era lo que se dice óptimo, que nuestra velocidad de crucero no pasaba de 60 km/h y que las carretas de bueyes (con los cuernos pintados uno de cada color) dificultaban la marcha.

(Realmente hacíamos muchos más kilómetros, contando las innumerables veces que nos equivocábamos de carretera y teníamos que desandar lo andado, a veces por despiste nuestro y otras por creer a mapas tan falaces como las guías a las que me he referido).

Viajábamos por la tarde, tras visitar solo una pequeña parte de lo visitable, pues, como el lector habrá deducido, aquella zona está repleta de historia, arte y monos, situados a ambos lados de las carreteras. No teníamos nada previsto, sino que íbamos improvisando nuestras rutas.

En cuanto a hoteles, buscábamos en cada ciudad unos alojamientos gubernamentales denominados «Traveller's Lodge», estupendos y que estaban muy bien de precio (e incluían un «desayuno continental» con *porridge* y todo). Por lo general, se hallaban muy escondidos en las afueras de las ciudades. Había, asimismo, unos «Tourist Bungalows», gubernamentales también, que eran una verdadera pena, pero que estaban mejor situados que sus primos y, por ende, te los encontrabas antes. Cuando arribabas por la noche a un sitio, cansado de todo un día de turismo y viaje, la alternativa era optar por dormir ya mismo y sin pérdida de tiempo en un sitio cochambroso o pasarte otra media hora de vueltas y más vueltas en búsqueda del alojamiento decente.

Aquella noche, al llegar a la ciudad de Madurai (lo más al sur qué íbamos a ir), cedimos a la tentación y nos registramos en el «Tourist Bungalow». Pero a los pocos minutos tuvimos que desregistrarnos e irnos a otro lugar, porque las pulgas o las chinches u otras variedades de insectos cubrían las camas de forma muy visible y descarada. En un principio, aquellos puntitos marrones parecían parte del diseño de la colcha, pero los diseños no se mueven. Además, comenzaron a picarnos y a desesperarnos. Y si no había cientos de aquellos puntitos, entonces no había ninguno y yo soy un maldito embustero.

Tuvimos que buscar un hotel mejor (léase «más caro») para nuestra parada en aquella localidad. Se me vino inmediatamente a la memoria la frase que el lobo Akela le dice a Mowgli en *El libro de las tierras vírgenes*, de Kipling, describiendo su entorno: «En el norte, miseria. En el sur, piojos. En cuanto a nosotros... ¡somos la selva!».

DÍA 8 — MADURAI

Hay ciudades que tienen un templo dentro y templos que tienen dentro una ciudad, como es el caso de Madurai, un lugar santo (¡cómo no!) en el que se alza, majestuosa, una inmensa construcción sagrada con cientos de salas, miles de columnas y treinta y tres mil estatuas de todos los tamaños y formas imaginables. Si quieres hacerte una idea de la multiplicidad del universo, nada mejor que echarles un vistazo a estos muestrarios del panteón hindú en el que cada figura es radicalmente distinta a las otras ochocientas figuras de la misma deidad.

La ciudad-templo está dedicada a un aspecto local de la diosa Párvati, consorte de Shiva y fuerza motriz del universo. Diré (porque muchos lo ignoran) que el hinduismo es la religión-filosofía que más importancia da a lo femenino de todas las que existen. En él, las diosas son tan importantes como los dioses; de hecho, ellos están incompletos sin ellas. Son exactamente la mitad de lo que hay. Es más: desde un punto de vista simbólico, lo masculino es el pensamiento abstracto, la mente que reflexiona sobre sí misma, pero estando inmanifestado. La energía manifestada es la de la diosa y, para aclararnos y resumir: el universo, con todo lo que contiene, es femenino.

Allí nos metimos de buena mañana y allí nos perdimos, recorriendo el lugar. Para poder visitar (ya por la tarde) un palacio local, también merecedor de un vistazo, tuvimos que dejarnos muchas preciosas salas y dependencias por ver, lo cual era una invitación tácita a que volvieras (algo que hice, años más tarde, en otras tres ocasiones).

Aquel complejo templístico, si así se le puede denominar, constituía el clímax, el *grand finale* de aquella etapa devota del viaje. En adelante, alternaríamos lo religioso con la naturaleza más o menos salvaje.

DÍA 9 — MADURAI — KODAIKANAL

Salimos por la mañana rumbo al norte, en dirección a Kodaikanal, una estación de montaña en los Nilgiri, los Montes Azules, en el límite del estado de Tamil Nadu con Kerala. A los pocos kilómetros de dejar la localidad de Perumalmallai (que siempre recordaré), de entre los arbustos que bordeaban la carretera salió corriendo repentina e inesperadamente una niña de no más de cuatro años. Cruzó sin vernos y el accidente fue inevitable. Mi madre la intentó esquivar, pero la golpeó con la chapa frontal de la moto. El ruido del impacto fue sordo y aterrador. Todo sucedió con extrema rapidez.

Recuerdo haber salido volando, como corresponde al «paquete» y haber chocado contra el reborde de la cuneta. Vi la moto en el suelo, a mi madre junto a ella y, metros más allá, caída, a la niña. Manaba abundantemente sangre de su cabeza y, al verla, quedé convencido de que la habíamos matado.

Pero he olvidado mencionar que, según la leyenda, el dios Shiva reside en aquellos montes. Por tanto, la niña no estaba muerta. Tras unos instantes interminables de acongojante silencio, comenzó a llorar. Yo me hallaba conmocionado y no sentía mis heridas (que las tenía, y varias). No sé cómo estaba mi madre, pero la vi levantarse rápidamente y coger a la niña, mientras escuchaba la algarabía que producían las gentes de la aldea vecina, que llegaron corriendo y de inmediato nos rodearon.

Recordé entonces las advertencias que nos habían hecho antes de iniciar el viaje y el peligro que de una fatídica y terrible posibilidad nos habían anunciado los amigos. «Si atropelláis a alguien, huid. No lo penséis dos veces. No os detengáis. Peligraría vuestra vida».

¿Huir? ¿Cómo? La moto estaba deteriorada y nosotros rodeados —lo supimos más tarde— por toda una comunidad de gentes pertenecientes a una etnia tribal de las montañas, que vivía al margen de la sociedad tradicional hindú y cuyos miembros tenían fama de violentos.

Me levanté con dificultad y me acerqué al grupo.

Mi madre presionaba con un dedo una brecha en la cabeza de la niña, impidiendo el flujo de sangre.

—¡Algodón! —me gritó.

Corrí hacia la moto, desaté nerviosamente nuestro pequeño botiquín y llevé algodón y polvos de sulfatiazol, que aplicamos sobre la herida, ante la mirada expectante de lo que me parecían cientos de personas (solo serían algunas docenas). Hicimos presión durante dos o tres minutos y la sangre dejó de manar.

La madre de la niña, que había presenciado todo sin articular palabra, cogió entonces a la pequeña y nos sonrió.

De repente, todo aquel pueblo que había contemplado en dramático silencio la improvisada cura cambió de actitud. Todos comenzaron a hablarnos y a interesarse por nuestras heridas. (No les entendíamos: aquella tribu solo conocía el idioma tamil). Por señas nos indicaron que les siguiéramos. Parecía que el estado de la niña ya no era el centro de la atención, una vez que se convencieron de que estaba relativamente bien. Tan solo se interesaban por nuestra salud, aunque era evidente que nuestras heridas eran superficiales.

Nos sentimos llevados hacia la aldea, que distaba unos quinientos metros del lugar del accidente. No había manera de negarse. Volví la cabeza y contemplé cómo tres fornidos jóvenes levantaban la «Lambretta» y la llevaban casi en volandas tras nosotros por el camino de barro.

Una vez en la aldea nos hicieron sentar y nos ofrecieron té, yogur y unas pastas caseras. Todo el mundo nos sonreía, en ninguna mirada pude observar ni el más leve reproche. Llamaron a una persona de la aldea que sí conocía el hindi y que inquirió acerca de nuestra vida y nuestro viaje y nos ofreció toda la ayuda que precisáramos. Nos invitó a pasar la noche allí, se ofreció a llevar la moto a la ciudad más cercana, por si había que arreglarla (no hizo falta), se puso, en fin, a nuestra entera disposición. La madre de la niña la dejó al cuidado de otra persona y comenzó a aplicarnos sobre las heridas de las piernas un ungüento que alguien había traído en un pequeño cuenco.

Han pasado muchos años y todavía me conmuevo cuando recuerdo aquel incidente y cómo todas aquellas personas calificadas de semisalvajes por los tratados de sociología no dejaron ni por un instante de ofrecernos alimentos y de interesarse por nuestro estado.

Tardamos varias horas en poder huir del cariño de aquellas gentes para dirigirnos hacia nuestro destino.

DÍA 10 — KODAIKANAL

Kodaikanal es una estación de montaña, un tipo de lugar que en la India fue especialmente importante bajo el gobierno británico.

Los ingleses nunca amaron la India. Al contrario: la consideraban un lugar infernal, poblado por salvajes, al que desterraban a los soldados que habían sido malos, a los políticos que querían subir en el escalafón y a los comerciantes que querían enriquecerse rápidamente. Expoliaron sin piedad esas tierras, a las que consideraban «la joya del Imperio» por sus riquezas, pero ni se mezclaron nunca con sus gentes ni se interesaron por su cultura.

Pero en algo sí tenían razón en sus quejas: en lo referente al clima, que puede llegar a ser realmente cruel. Para evitar el calor, solían trasladar las capitales administrativas a pueblos de las montañas, que se convirtieron tras la independencia del país en 1947 en lugares turísticos que aún conservaban el sabor de la India colonial, lo que es tanto como decir que eran los más feos de todos los sitios. Casas de madera, ennegrecidas por la humedad, calles estrechas y serpenteantes con poca luz, clubes de campo donde los ingleses consumieron *gin-tonics* por cientos de litros... Sumado a esto las neblinas lógicas en la montaña y la lluvia continuada, la impresión era bastante triste y ni siquiera la belleza del lago de Kodaikanal compensaba de la tristeza del ambiente.

Yo, personalmente, disfruté allí, porque nos agenciamos una canoa privada y estuvimos remando varias horas y bañándonos en medio del lago, lo que suponía una refrescante variante a las anteriores visitas a templos bajo soles de justicia (digo soles, porque hacía tanto calor que parecían varios), quemándonos los pies sobre las ardientes losas de los templos.

DÍA 11 — KODAIKANAL — KOYAMBATTUR

Dejamos Kodaikanal y continuamos nuestra ruta hacia el norte.

Y nos persiguieron unos bandidos.

Se supone que en la India profunda había aún bandidos, que atacaban a los viajeros y huían acto seguido en sus veloces caballos. Lo contaban todos los días en los periódicos. La policía hacía lo que podía al respecto, pero aún no había conseguido acabar con todos. Así es que haberlos, habíalos.

Pero nuestros dos bandidos privados resultaron ser unos profesionales muy modestos (sólo tenían una motocicleta) y bastante chapuceros en lo suyo (no lograron darnos alcance). Simplemente estaban escondidos al anochecer detrás de unos arbustos y en cuanto pasamos nosotros con la moto, arrancaron súbitamente y empezaron a perseguirnos. Cuando nos convencimos de que nos seguían, mi madre aceleró y durante unos minutos los tuvimos detrás. Yo pensé que deberíamos haber llevado con nosotros y a mano una caja de tachuelas, para protegernos de esa eventualidad. Afortunadamente, al cabo de un rato fueron perdiendo fuelle y su luz dejó de verse detrás de nosotros.

El susto fue de aúpa, pero enseguida nos subió la adrenalina por haber salido indemnes de aquella situación y continuamos el camino felices y cantando.

Y como la vida se inventa cosas que puestas en un libro no se las cree nadie, ese mismo día, al cabo de una hora, volvieron a perseguirnos.

Esta vez fue un coche, que estaba parado en la cuneta y que también arrancó de improviso nada más pasar nosotros por allí. Tuvimos la impresión de que era aquella una zona algo así como «desmilitarizada», en el sentido de que no había ejército ni cuerpo de seguridad que impidiera la proliferación de bandidos. Estábamos subiendo un puerto de montaña, con más miedo que vergüenza, y al cabo de pocos minutos, el coche nos alcanzó y tocó el claxon. Como no tenía sentido seguir, mi madre se detuvo.

No eran bandidos, al fin y al cabo, sino una simpática familia que nos perseguía porque se nos había caído uno de los bolsos del equipaje, lo habían recogido y nos siguieron para dárnoslo. Moraleja: no hay que ser mal pensado, independientemente de lo que te haya sucedido minutos antes.

Hicimos noche en una ciudad inocua: Koyambattur, conocida entonces como Coimbatore, por culpa de esas malditas transliteraciones del inglés, que deformaron los términos indios de la peor manera[1].

---

[1] Si alguien quiere ejemplos de estos delitos sajones de lesa lengua, tenemos el de la ciudad de Kalkatá, que ellos convirtieron en Calcuta, usando una 'u' para la 'a' de la penúltima sílaba y deformando para siempre su pronunciación en Occidente.

DÍA 12 — KOYAMBATTUR — UDHAGAMANDALAM

Este día viajamos de Koyambattur a Udhagamandalam y, si en lugar de eso, contara que fuimos de Coimbatore a Ootacamund, todo el mundo pensaría que era un viaje distinto e incluso efectuado en otro continente. Por lo que decía antes de las transliteraciones.

Koyambattur tiene una universidad grande, un *junction* de trenes y, que yo recuerde, el mejor café del mundo (o, al menos, así me supo a mí). Lo tomábamos por litros en todos los chiringuitos de la carretera, acompañado con unas galletas de glucosa marca Britannia. Te lo servían ardiendo en dos cacharritos de acero, que encajaba uno dentro del otro. El primero tenía forma de vaso y el segundo, de bol. Echaban el ardiente líquido en el vaso, lo tapaban con el otro, le daban la vuelta y así te lo daban. Si tú le dabas la vuelta, todo iba bien. Si pretendías levantar el vaso invertido, el café volaba en todas direcciones, abrasando todo a su paso. Pero el ingenio de los dos recipientes era inmensamente útil para ir enfriando el líquido. Esta forma de servirlo era costumbre del sur. (En el norte, simplemente la gente lo iba virtiendo de la taza en el platillo y bebiéndoselo allí mismo a sorbos).

Aquella etapa (241 kilómetros: la más larga del recorrido) no nos deparó ninguna novedad, salvo el cuarto accidente, que dejó la chapa de la moto como no quieran ustedes saber. Se debió a un resbalón en la carretera. Yo caí, mi madre cayó y la moto siguió deslizándose durante muchos metros.

Realmente resultaba milagroso que no nos hubiéramos roto ya siete u ocho extremidades entre los dos en aquellas cuatro caídas (habría más). Bien es cierto que íbamos muy despacito, pero aquellas estadísticas que llevábamos de un accidente cada 250 kilómetros no auguraban nada bueno, considerando que nos faltaban aproximadamente otros 2 800 por recorrer hasta llegar a Bombay, meta de nuestro periplo.

La peor consecuencia de aquel accidente fue que nos desplumaron en el taller que encontramos por el camino y en donde repusieron el manillar del freno de mano. La verdad es que aquella zona, para lo apartada que estaba, era tremendamente cara y te cobraban por todo.

Estábamos ya cerca de Udhagamandalam (llamada Ooty por los reduccionistas británicos), que era una estación de montaña más famosa aún que Kodaikanal, visitada por mucha más gente y —es la verdad, lo juro— muchísimo más fea. Te preguntas por qué en la mayoría de la ocasiones la gente escoge la peor opción de las que se le presentan, ya se trate de ciudades, libros, playas o líderes políticos.

DÍA 13 — UDHAGAMANDALAM — MUDUMALAI

Ooty no nos dijo nada: era un lugar neblinoso, gris e in-
hóspito, que no parecía la India ni por sus sombríos habitantes
ni por sus musgosos edificios. Creíamos estar en un pueblo
(feo) de Inglaterra, la lluviosa.

Y como aparte de los *gin-tonics* mencionados y de un puesto de globos de colores no había allí nada que invitase a la
diversión, y como el único lugar visitable de la ciudad era un
jardín botánico que tenía menos variedad de plantas dentro de
las que había fuera, y como yo estuviera ya impaciente por llegar a nuestro siguiente objetivo —una reserva de animales—,
abandonamos aquella «reina de las estaciones de montaña» tan
publicitada y comenzamos a bajar los montes Nilgiri, llenos
hasta arriba de campos de té (no sé si la Academia ha aceptado
'tetales').

Quinto accidente, pisando a una vieja al cruzar un pueblo, aunque íbamos a 10 por hora. «¡Ahora sí que nos hemos caído, literal y figurativamente!», pensé desde el suelo. Pero nadie objetó: es obvio que no le tenían demasiado cariño a aquella anciana que se nos metió delante de la moto, como aquel que dice. Pero no se hizo daño. Nosotros sí: algunas raspaduras en la mano, que curamos a base de polvos de sulfatiazol.

Fue una etapa corta y cuesta abajo, por lo que al mediodía ya habíamos llegado al Mudumalai National Park, una preciosidad. El *bungalow* donde nos alojamos estaba unos kilómetros en el interior. Nos ofrecieron, por dos pesetas, un *jeep* con conductor para ver animalitos durante toda la tarde y no nos lo pensamos ni un momento. Tiramos nuestro equipaje de cualquier manera en la habitación y sin pararnos ni a comer ni a beber agua, nos montamos en el vehículo.

Estuvimos varias horas dando vueltas por aquella jungla viendo literalmente docenas de ciervos, elefantes, jabalíes, pavos reales y muchos otros pájaros cuyo nombre desconozco. Fue una maravilla de tarde, pero nuestro chófer, que afortunadamente hablaba hindi, no estaba contento. Aseguraba que allí había tigres y —no sabemos si por pundonor profesional o porque tenía sus miras puestas en la lógica propina que esperaba de nosotros— estaba emperrado en que viéramos alguno. «No sé dónde pueden haberse metido. Ayer estaban por aquí», repetía sin parar.

Oscurecía y tocaba ya volverse, pues en la penumbra tomar fotos era inútil. Pues bien, regresábamos contentos nosotros y descontento el conductor, cuando a menos de 500 metros del *bungalow*, en el camino había un tigre esperándonos.

Estaba allí quieto, tan pancho, mirando hacia el camino por el cual veníamos. Frenamos y el chófer comenzó a gritar desaforadamente: «¡Es un tigre! ¡Es un tigre!». Claro que era un tigre. Cuando ves a un tigre, sabes inmediatamente que es un tigre. No lo confundes con un canguro o con un oso hormiguero.

La cuestión era qué iba a pasar. Pinta de atacarnos no tenía: parecía muy tranquilo. Pensamos que se metería enseguida entre la vegetación de la cuneta, pero no. Siguió allí, mirándonos fijamente. Mi madre le hizo varias fotos (que no salieron; no sé siquiera si llegó a quitarle la tapa al objetivo de la cámara). Y allí nos estuvimos en silencio, contemplándonos mutuamente durante tres minutos o así. Casi nos dio tiempo a aburrirnos. Finalmente, el felino se fue, caminando muy despacito. Como digo, estaba a la vuelta de la esquina del *lodge*; para verlo, podríamos incluso habernos ahorrado el *jeep*.

El conductor estaba radiante de alegría y le propineamos adecuadamente, como agradecimiento a su celo.

DÍA 14 — MUDUMALAI

Antes de continuar mi relato quisiera hablar de cómo la India considera a sus animales. Porque todo el mundo sabe que allí las vacas son sagradas, pero lo que no se sabe es que lo son también los monos, los elefantes, las serpientes, los pavos reales, los tigres, los perros, los cocodrilos, los ratones, las tortugas, los cisnes y un largo etcétera. ¿Por qué?

La mayoría de la población india se adhiere al monismo panteísta del hinduismo, según el cual todo el universo es Dios. Luego la flora y la fauna también lo son. Para recalcarlo más, algunos sabios antiguos vincularon a los animales con los aspectos de la deidad y así cada «dios» particular tiene un animal adjudicado que le sirve de vehículo y que por su asociación con el dios es especialmente sagrado. La cabalgadura de Vishnu es un águila; la de Ganesha, un ratón; la de Párvati, un león; la de Brahma, una oca; y así sucesivamente.

Por ello, los hindúes permiten a los animales campar por sus respetos sin molestarlos ni perseguirlos. Hay templos dedicados a los monos y las ratas, se venera a las serpientes, los elefantes se emplean para las procesiones y, en general, se muestra respeto por todas las criaturas vivientes, que están por todas partes.

Pasamos un día entero en la reserva y lo dedicamos a una larga excursión a pie. Los guardas del parque nos lo desaconsejaron, porque temían que nos perdiéramos por los enrevesados caminos, que parecían todos iguales. En ningún momento nos impidieron ir ni tampoco parecía que consideraran que pudiéramos correr ningún peligro. Empecé a sospechar que el tigre que vimos la tarde anterior estaba en nómina y trabajaba para el parque, haciendo todas las tardes su aparición a una hora determinada, como esos actores que salen disfrazados de vampiro a darte un susto en los túneles del terror de los parques de atracciones.

En el *bungalow* nos dieron unos sándwiches empaquetados y nos fuimos, felices, a recorrer los caminos de la reserva sin ninguna reserva. Vimos de nuevo a todos los animales con los que nos habíamos encontrado el día anterior, solo que más de cerca, pues no les ahuyentaba ahora el ruido de ningún motor. En un pequeño embalse de un río al que casi no llegaba el sol de tantos árboles como lo cercaban nos encontramos con un rebaño de elefantes bañándose. Fotografiamos montones de ciervos y hallamos hormigueros de tres metros de alto. Y vimos a nuestra segunda serpiente, una gran cobra que estaba enroscada, descansando junto a una piedra, al borde de un camino. La contemplamos desde lejos, con temor y dispuestos a salir corriendo a su más leve movimiento. Pero el animal no nos hizo maldito el caso y siguió durmiendo tan ricamente.

El final de la excursión no fue demasiado glorioso para mí. Hallándonos de vuelta, encontramos un claro de selva donde habría por lo menos doce o catorce preciosos elefantes, que parecían muy tranquilitos. Me acerqué a uno de ellos y me hice varias fotos agarrado a su trompa. Pero al querer irme, me metí en un lodazal o algo así, con agua por el tobillo. Resbalé y me caí en el barro. Solo que aquello no era un lodazal con agua y barro, sino un retrete paquidérmico. Por lo visto todos aquellos elefantes iban al mismo lugar a hacer sus cosas y allí en medio tropecé yo. Escuchamos unas risas y es que había tres guardianes del parque que lo habían visto y se estaban divirtiendo.

No recomiendo a nadie que se revuelque en orina de elefante, bien por gusto o por experimento: el olor tarda días, si no semanas enteras, en disiparse.

DÍA 15 — MUDUMALAI — BANDIPUR

Dejamos la reserva de animales para irnos a otra reserva de animales que era la misma reserva de animales. Dicho de otra manera, era la misma zona, pero el parque cambiaba de nombre porque se hallaba en el estado colindante de Karnataka. Al año siguiente de nuestro viaje se convertiría en uno de los centros del denominado «Proyecto Tigre», una iniciativa gubernamental impulsada por Indira Gandhi —Primera Ministra a la sazón— para proteger a varias especies en peligro de extinción (y que consiguió la recuperación del tigre de Bengala).

Aquí el funcionamiento era distinto. No te dejaban ir a pie por la reserva, pero sí en tu propio vehículo. A esto siguió una discusión sobre si la moto era o no un vehículo, porque imagino que cuando redactaron esas normas pensaban que los visitantes entrarían en coches. Finalmente accedieron y bajo nuestra propia responsabilidad nos fuimos con la moto por los senderos del parque.

Y no vimos nada. Allí no había nada. Quizá los animales se habían desplazado un poco al sur hasta a Mudumalai o eran de los que gustan de jugar al escondite, o quizá no había animales en el parque en aquellas fechas, o quizá no los hubo nunca, pero el caso es que no vimos arriba de un conejo.

Lo demás, muy bonito, porque árboles y arbustos sí había.

Y como suele pasar en estos casos, el *bungalow* de Bandipur era más viejo, la comida era peor que la del otro parque y los empleados menos simpáticos. Todas esas cosas suelen ir juntas. Nada más destacable pasó aquel día.

DÍA 16 — BANDIPUR

Aquel Wild Life Sanctuary tenía muy poca *life* y no era nada *wild*, sino que, por el contrario, parecía un lugar muy domesticado y civilizado. No nos gustó.

Contratamos una excursión a lomos de elefante que duró muchas horas y en la que tampoco vimos prácticamente animal alguno, pese a que se supone que la reserva era el mayor hábitat de elefantes salvajes en el sur de Asia. El cornaca nos hacía mirar hacia algún lugar concreto y nos decía: «*Animals! Photo! Photo!*». Y cuando dirigíamos la vista en la dirección en que nos indicaba divisábamos dos o tres vacas vulgares y corrientes, como se las que se veían a mansalva todos los días en cualquier calle céntrica de Nueva Delhi.

Pero viajar en elefante, aun sin cumplir tu propósito, es una experiencia. Te sientes un maharajá o un cazador de la época de los ingleses. Recuerdas cómo el majadero de Phileas Fogg tuvo que montarse en uno de ellos para cruzar la India durante su periplo al mundo por hallarse cortada la vía férrea.

Y la elefanta que nos llevaba era muy cariñosa. Subía la trompa para que la acariciáramos y no se quejó ni una sola vez de tener que caminar tantas horas. O, al menos, si lo hizo, fue en canarés, el idioma local, que nosotros no sabíamos, por lo que no nos enteramos.

(He montado muchas más veces en elefanta en distintos lugares de la India y puedo asegurar que todas ellas se llaman Lakshmi, que es lo que dicen sus cuidadores cuando les preguntas).

DÍA 17 — BANDIPUR — MAHISHURU

Nos sugirieron que, en vez de dar vueltas, nos quedásemos quietos, si queríamos ver a los bichos. Había unas torres de vigilancia, construcciones elevadas de madera, desde las que podías verlos si te quedabas lo suficientemente callado y los animales tenían el detalle de salir a pasear precisamente por donde estabas tú.

Accedimos y nos pasamos toda la mañana en una torre de aquellas en completo silencio. El calor era importante y creo recordar que nos dormimos. Nos habían llevado hasta allí en coche y fijamos una hora específica para que nos recogieran. La espera se nos hizo interminable, porque no vimos tampoco absolutamente a ningún representante de la fauna local. Quizá aportaron por allí mientras dormíamos y pasaron delicadamente y sin hacer ruido para no molestarlos, no sé.

Cuando volvimos al *lodge* al mediodía, hablamos con un grupo de holandeses que habían entrado con su coche y visto casi —dijeron— un centenar de especies distintas: bisontes de la india, tigres, pitones, antílopes, chacales, perros jaros, cocodrilos de las marismas, osos perezosos, de todo. Estaban contentísimos.

Acariciamos un rato a unos cuantos perros que había por allí (los únicos animales que vimos en todo Bandipur) y emprendimos el camino hacia Mahishuru.

Esta bella ciudad (Mysore para los *British*, empeñados en poner al final de muchas palabra unas 'e' que no sirve para nada, porque no se pronuncia) fue la orgullosa capital de un reino y cuenta con un palacio que te deja mudo de la impresión.

Todo cuanto se diga del esplendor de la India de los maharajás es poco. Recuérdese que durante los siglos XVI y XVII la India fue el lugar más rico del mundo y cuando se tenía que indicar «mucho de algo» se decía, por ejemplo, «una India de amor». Los ingleses se llevaron casi todas estas riquezas, pero los palacios no pudieron llevárselos (aunque sí las piedras preciosas que tenían engastadas en sus paredes y techos).

El palacio de Mahishuru es sencillamente deslumbrante e inmenso. Tardamos cuatro horas en visitar las partes de él que se hallan abiertas al público (hay varias alas que son la residencia de la familia real) y las dependencias de los elefantes que van con el palacio.

La India tuvo más de quinientos cincuenta reinos diferentes, que quedaron absorbidos por el Imperio británico y cuyos rajás y maharajás estuvieron dependiendo de la corona inglesa. En 1947, cuando la India consiguió su independencia y se proclamó como república, se invitó a todos esos reyezuelos (no tiene esto connotación negativa alguna: es porque sus reinos eran muy pequeños, como equivalentes a los feudos medievales occidentales) a que renunciasen a sus derechos y se integrasen en la India moderna. Solo uno de los quinientos cincuenta y seis se lo estuvo pensando y hubo de hacérsele alguna presión. Todos los demás abdicaron graciosamente y pasaron a ser ciudadanos normales sin privilegio alguno. Cuento esto como ejemplo, en relación a lo que he mencionado antes de que en la India lo imposible se puede hacer.

La gente sigue teniendo gran respeto por sus antiguos monarcas (que ahora se dedican a los negocios) y estos han cedido sus palacios para el fomento del turismo. El de Mahishuru es el segundo monumento más visitado en el país después del Taj Mahal. Cada año recibe a seis millones de visitantes (a la Alhambra van dos).

Tuvimos la suerte de que fuese domingo, pues ese día por la noche se encendían las cien mil bombillas de que está recubierto. Excuso decir que la palabra 'bonito' se queda bastante corta ante este tipo de espectáculos.

DÍA 18 — MAHISHURU

Prueba fehaciente de la tolerancia de los hindúes en materia religiosa es esta ciudad, que debe su nombre al demonio Mahisha, que se portó mal, por lo que tuvo que acudir una diosa a acabar con él y a poner orden. Porque ¿a quién se le ocurre poner el nombre de un diablo a una localidad? Según la lógica regional, este ser fue el más importante de los nacidos allí; y de la misma manera que los pueblos de España nombran sus teatros y sus bibliotecas con el nombre del poeta local, aunque sea de quinta categoría, los habitantes de Mahishuru honran al más famoso de sus conciudadanos. Incluso tiene una estatua policromada en la que aparece muy fiero, blandiendo una espada en una mano y una cobra en la otra, y mostrando amenazador sus colmillos.

Esta orbe palaciega tenía mucho que ver y mucho vimos: mercados de flores, templos, jardines con fuentes multicolores, edificios civiles. Es la segunda ciudad más limpia de la India (después de Chandigarh, un engendro modernista construido por Le Corbusier, sito en el estado del Panjab y que te recuerda a cualquier ciudad europea) y está prácticamente repleta de monumentitos en todas las rotondas.

Junto a ella se levanta una colina (no sé si las colinas se levantan o si habría estado mejor que hubiera dicho 'hay una colina') dedicada a la diosa Chamundi, el aspecto destructor del principio femenino, que, cuando se pone en movimiento, más vale que no te pongas en su camino, como le sucedió al pobre Mahisha. Está coronada (¡y dale!; ¿puede una colina estar coronada o es otro tópico escritural?) por un templo magnífico. En la mitad de la empinada subida hay una inmensa estatua de Nandi, el toro que es la cabalgadura del dios Shiva y, a la vez, símbolo de la virilidad. Se trata de una gran mole de basalto de color blanco. Aunque cuando nosotros la vimos estaba totalmente negra, debido a toda la leche y mantequilla que se derrama sobre ella en las celebraciones rituales. Y además, tenía andamios, pues estaban haciendo reparaciones. Seguimos la práctica del *pradakshina* o circunvalación devota y le dimos tres vueltas al toro, que se encuentra en la entrada de todos los santuarios shivaítas, como sucede con el águila en los vishnuitas.

Poco más de particular sucedió aquel día. Cenamos como bestias en la terraza de un agradable restaurante con lucecitas y nos resarcimos así de algunas jornadas gastronómicamente poco memorables en las que solo habíamos tomado algún café ocasional por el camino.

Hay que decir, en detrimento nuestro, que en la India se come muy bien. Los nativos son especialmente exigentes con esto y un restaurante que no ofrezca exquisitez se ve privado de clientes y tiene que cerrar en poco tiempo. Así es que, si está abierto, es que su comida es muy buena. El lugar podrá estar viejo o cochambroso, pero sus platos son estupendos. Y las especias que se emplean, que tan típicas son allí, resultan necesarias como antisépticos. La mayoría de ellas poseen propiedades medicinales y curan muchas cosas; pero, sobre todo, contrarrestan todo tipo de bacterias de esas que proliferan tanto en los climas húmedos. Hablando en plata: negarse a comer picante en la India equivale a condenarse a todo tipo de desarreglos intestinales.

DÍA 19 — MAHISHURU — HASSAN

Siguiendo nuestra ruta hacia el norte, nos despedimos de Mahishuru diciéndole adiós con el pañuelo (saludo que nos devolvió) y nos dirigimos hacia Hassan, nuestra siguiente parada.

Yo, que iba de paquete, cuando el paisaje era demasiado igual y un tanto aburrido, me dedicaba a cantar cancioncillas para pasar el rato. El caso es que un disco que había escuchado bastante antes de emprender el viaje había sido el de la banda sonora de *Zorba, el griego*, compuesta por Mikis Theodorakis. Por ello y por raro que resulte, mi mente asocia indefectiblemente aquel paisaje de Karnataka con la música del *sirtaki* que Anthony Quinn bailaba en el *film*. Desde entonces, veo una palmera y de inmediato comienzo a escuchar música griega en mi cabeza.

Llegamos pronto a Hassan, pues queríamos hacer una excursión desde allí. La ciudad honra a Hassan, el hermano de Hussein y nieto del Profeta. Y para los que no estén muy duchos en tradición musulmana contaré que ambos son los héroes del chiísmo, principal rama del Islam junto con el sunismo. Ambas ramas se vienen dando históricamente de bofetadas sobre qué estirpe debe ser la que ostente el califato musulmán, si la de aquel a quien Mahoma eligió como su sucesor (sunitas) o la de sus descendientes consanguíneos (chiítas). Los sunitas se cargaron a Hassan en el 670 y los otros aún no les han perdonado.

Cuento esto, porque de la ciudad no se puede contar nada, pues es un lugar sin encanto y parecido a otros mil. Recuerdo que visitamos un mercadillo junto al hotel en el que parecía que únicamente se vendían cacerolas.

Aquella tarde nos dispusimos a encontrar y disfrutar de una serie de templos de otro estilo arquitectónico, pues cada dinastía reinante procuraba imprimir a sus construcciones un carácter distinto al de la dinastía de al lado. Los templos Hoyshala tenían gran fama, pese a que entonces todas las fotografías y postales que había de ellos eran completamente infames. Aquello había que verlo con los ojos de la cara.

Halebid era uno de los dos emplazamientos. Como estaba solo a 30 millas de la ciudad, pensamos que llegaríamos allí en una hora, más o menos. ¡Qué va! La carretera ostentaba el título de campeona mundial de baches y eso en los trozos en que existía, porque, de pronto, desaparecía y te encontrabas en medio del campo, sin indicación de en qué dirección continuar. (Según nos enteramos luego, no se solía ir allí por esa «carretera», sino por otra desde otro sitio). Como se supondrá, nuestra maravillosa guía turística (aquella que ponía las escaleras donde la daba la gana) no avisaba de esto. Tardamos varias horas y en la moto empezaron a sonar tornillos sueltos. Lo que cinco caídas no habían conseguido deteriorar aquella carretera lo hizo en un ratito.

No describiré los templos que vimos, por falta de ganas y porque su belleza era indescriptible, incomunicable.

Volvimos a Hassan ya de noche, por otra ruta y dando una vuelta tremenda, pero creo que nuestra Lambretta nos lo agradeció.

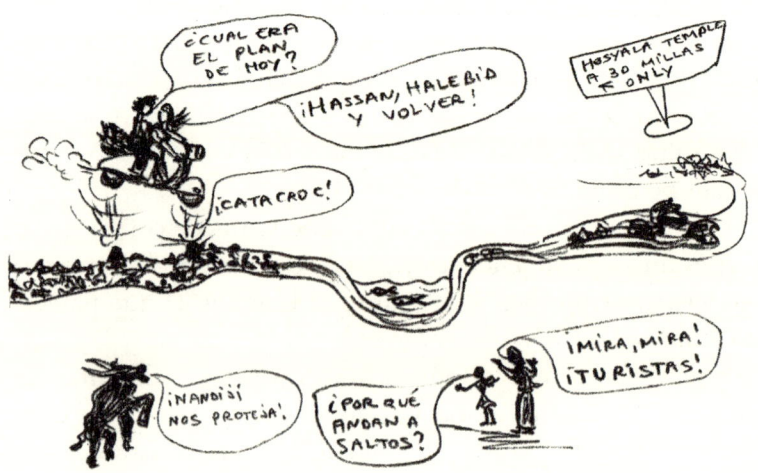

DÍA 20 — HASSAN — TARIKERE

Nos dirigimos a Velur (Vellore para los analfabetos y los cartógrafos), otro de los emplazamientos témplicos, y nos encontramos con una carretera maravillosa y nuevecita. Imagino que la lógica de su construcción era que si había cerca de Hassan dos grupos de templos y uno de ellos estaba ya conectado por una carretera estupenda, no había necesidad de ir a visitar el otro grupo ni de hacer una carretera para llegar allí. El equivalente hispano sería que no hubiese carretera de Madrid a Toledo. Si alguien quisiese ver un alcázar, que se fuera a Segovia, que hay autovía.

Velur solo tiene un templo, pero, ¡señores, qué templo! Sus esculturas son de lo que no hay, aunque allí sí las hay.

Como no he descrito hasta ahora ninguna de estas construcciones, no estaría de más hacerlo, aunque solo fuera un poco. Este templo en concreto tenía planta de estrella y dentro había salas con columnas talladas, rodeando el *sancta sanctorum*.

Sus paredes exteriores estaban talladas por completo y divididas en varios estratos. El inferior mostraba la flora de manera simbólica, mediante diseños de plantas y hojas. A continuación venía el reino animal, representado por hileras de caballos y de elefantes. Los humanos aparecían a continuación, desempeñando tareas cotidianas como labrar, rezar, etc. Y encima de ellos aparecían los dioses, de los que se representaban mitos conocidos y que se mostraban en sus diferentes aspectos. Estatuas inmensas guardaban las puertas y todas las deidades importantes tenían allí su capillita, pues aunque un templo esté dedicado a un dios (aspecto de Dios) en concreto, siempre habrá devotos a los que les caiga mejor otra versión.

Llegó la hora de la comida y no parecía que hubiera ningún restaurante cerca, por lo que nos pusimos a la cola del templo. Ya he dicho en otro lugar que en los templos dan de comer a todo el mundo que quiere. Es cierto que tuvimos que esperar un rato, pero acabamos mezclados con varios cientos de «devotos» que se habían acercado a aquel lugar sagrado con la pía intención de llenar la andorga a costa de Vishnu. En el suelo, sobre unas hojas de plátano cosidas a modo de mantel, nos sirvieron arroz, lentejas, algo de verdura, yogur y un dulce hecho con zanahoria. Los comensales, sentados en fila en un largo recinto, esperaban a que llegara un señor con un cubo y un cazo y les fuera sirviendo. Cuando te lo acababas, te ofrecían más y más, porque si te ibas con hambre, Vishnu se lo tomaba a mal.

Visitamos durante horas las distintas salas del templo e hice mil fotos de todo aquello y dándome mucha prisa, porque ya anochecía. Para lograr buenos ángulos me tuve que subir por las paredes, literalmente, por lo que me alegró que no hubiera ninguna vigilancia, pues de otra forma me lo habrían impedido. Y aunque aquello se debía a que se trataba de un templo funcional y no un monumento, no creo que en una catedral puedas trepar por el retablo para hacerle una foto de cerca a cualquier apóstol al que le tengas especial cariño.

He olvidado contar que cuando llegamos al templo estaban bautizando a un coche. No es nada raro. Los hindúes lo hacen cuando se compran una casa o incluso una bicicleta. Se había acercado el vehículo a las escalinatas de la entrada y un *pandit* o sacerdote estaba rezando ante el coche unos dísticos en sánscrito y arrojándole flores. Los dueños estaban completamente inmersos en el rito e iban repitiendo en voz baja las invocaciones.

No fue esta la única manifestación de devoción que presencié. Un hombre, tumbado en el suelo, iba rodando sobre sí y dando vueltas al recinto del templo, antes de entrar. Y otro más iba arrastrando un pequeño *rath* (una versión reducida de los inmensos carros que sirven para transportar los ídolos en las procesiones) de una forma impactante. Del carro salían varios cables metálicos acabados en unos grandes anzuelos que el devoto aquel llevaba clavados en varios lugares de su espalda desnuda. Iba así tirando de su pequeño templo y dando con él la vuelta ritual al recinto.

Aquella forma tan primitiva y a la vez tan sincera de religiosidad me impresionó lo indecible. Siempre me ha parecido estúpido que los hombres crean en dioses que disfrutan con el sufrimiento de las criaturas, pero aquella capacidad de soportar el dolor por un voto era algo inédito para mi joven persona.

DÍA 21 — TARIKERE — JOG FALLS

Si le cuento al lector que para nuestra siguiente etapa tuvimos que enfrentarnos con Bhadravati, Shimoga, Sagar y Talaguppa, quizá pudiera deducir que se trataba de algunas criaturas peligrosas, de esas que aparecen en los libros de fantasía y con las que tienen que habérselas los amadises de Gaula y los palmerines de Oliva. Pero no: se trataba de localidades, porque creo que aún no he dicho que en aquellos años no solo no existían en la India autovías o equivalentes (todas las carreteras eran de doble sentido), sino que tampoco se planteó nadie que rodeasen ninguna ciudad. De aquí que en cualquier viaje tuvieras que atravesar todas las poblaciones. Y de la misma manera que en las carreteras había escasísimo tráfico, en las ciudades atravesadas era lo contrario: miríadas de carros y bicicletas a los que había que ir sorteando con gran pericia, so pena de no pasar. Aquello retrasaba lo indecible nuestra marcha, pero, en cambio, servía de distracción gratuita a los habitantes de esas poblaciones que estaban por allí mientras nosotros pasábamos, Extranjeros en una moto conducida por una mujer... ¿Para qué más?

¿Con quién nos encontramos por el camino? Pues con el monzón, que ya se estaba echando de menos.

Estas lluvias periódicas han generado mucha literatura, aunque radicalmente distinta según el continente. Para los escritores occidentales el monzón es algo terrorífico. La novela de Louis Bromfield *Vinieron las lluvias* es un ejemplo perfecto. Los protagonistas tienen sus historias pero todas quedan interrumpidas por el horror de los horrores: las nubes del monzón. En cuanto aparecen, todos los personajes se asustan, abandonan todo lo que están haciendo, se refugian en sus casas, clavan sus ventanas y se disponen a sufrir durante unas semanas algo parecido a un Día del Juicio Final que tuviera lugar en su calle y delante de su portal. Los monzones significaban para el europeo inundaciones, cólera, destrucción y muerte, una experiencia sobrecogedora que asustaba incluso a los bravos ingleses, que, de regreso a su patria, contaban a todos cómo habían sobrevivido a aquel temible azote de la India, ese país maldito con una naturaleza perversa que se complace en martirizar a los humanos.

Para los indios, sin embargo, la cosa es mucho más simple: después de unos meses de calor insoportable, empieza a llover y aquellas aguas son un alivio. La gente se pone muy contenta y sale de sus casas para remojarse y bailar de puro contenta bajo la lluvia. Los campos adquieren un verde intenso, el polvoriento aire se limpia, crece exuberantemente la vegetación, aparecen pavos reales por doquier y, en general, todos los entornos son mucho más esplendorosos. Esto ha generado ingentes cantidades de poemarios descriptivos de la naturaleza, algunos de ellos bellísimos, como el *Ritusamhara* [El curso de las estaciones] o el *Meghaduta* [Las nubes mensajeras] de Kalidasa.

En cuanto a nosotros, las lluvias torrenciales cuando vas en moto no son especialmente agradables, pero tampoco lo contrario. Has de reducir la velocidad, pero, con todo, resulta un espectáculo admirable.

Ese día nos dirigíamos a las cataratas de Jog, un lugar turístico en el que no encontramos a ningún turista, ni a uno solo. Nadie más había en el hotel cuando nosotros llegamos. Claro, que era la temporada baja, la cual es la mejor época para recorrerse la India, pues no hay aglomeraciones y los hoteles están a mitad de precio. Además, tampoco llueve todo el rato. Las trombas de agua duran media hora y luego paran, por lo que nunca te impiden hacer lo que pensabas ni te chafaban tus planes.

El hotel susodicho se encontraba enfrente de las cataratas, a su misma altura. En el jardín había un mirador dispuesto para que pudieras apreciar las increíbles vistas. Pero el que lo emplazó no se acordó del hecho de que las cataratas llevan agua y no previó que el vapor del agua impediría que se viese nada. Así es que aquel mirador era como una sauna y podría haber estado emplazado en la más neblinosa calle londinense.

Como allí no había nada más que hacer y era pronto, pasamos el resto de la tarde jugando al ajedrez en la habitación. Hicimos las piezas con trocitos de miga de pan y utilizamos como tablero la colcha de la cama, que era a cuadros y lo estaba pidiendo.

DIA 22 — JOG FALLS — GOKARNA

Yo esperaba con verdadera impaciencia a la mañana siguiente para bajar al valle y poder disfrutar de las cataratas desde abajo, que seguro que serían impresionantes. Pero no tardé en llevarme un chasco, pues en el hotel que hacía las veces de oficina de turismo y de puesto de seguridad nos indicaron que no se podía bajar. Las cataratas caían desde una altura de 257 metros, la parte de abajo donde continuaba el río era muy abrupta y no había camino.

¿Que no había camino? No, nos dijeron. Lo hubo en tiempos, pero la selva se lo había comido, por así decirlo. La vegetación hacía imposible el paso. Bueno, como el lugar estaba apartado de las carreteras principales y no parecía probable entonces que volviéramos por allí, decidimos no hacer ningún caso y perseverar en el espíritu aventurero del viaje. En cuanto los gerentes-vigilantes se dieron la vuelta, nos escapamos y comenzamos a bajar monte a través, con bastantes dificultades, por en medio de aquellos abigarrados arbustos que nos rasparon y arañaron lo indecible. Tardamos dos horas, pero nos demostramos que se podía bajar y que no siempre hacen falta caminos para ir a los sitios.

Una vez abajo, el paisaje nos sobrecogió. Aparte de la impresión de la caída del agua de las cataratas, todo lo demás era impresionante por lo inmenso. Había unas descomunales rocas junto al río que daban al lugar un aspecto siniestro, pues casi no llegaban allí los rayos del sol. Era como una demostración de la fuerza salvaje de la naturaleza. Las plantas y los insectos parecían tener el triple del tamaño normal, abundaban las telas de araña con unos dueños grandísimos y el vapor de agua enrarecía el ambiente y creaba la impresión de que aquel no era un lugar real, sino de fantasía. Si por detrás de alguna de aquellas rocas hubiera aparecido un dinosaurio, no nos habría sorprendido en absoluto, pues el lugar todo hablaba de otras eras y transmitía la impresión de que hacía mucho tiempo que los humanos no aportaban por allí, lo que creo que era verdad, dadas las dificultades de la bajada.

Tardamos tres horas en subir y regresamos al hotel bastante magullados. Allí nos esperaba una reprimenda de los guardas forestales o lo que fueran aquellos señores, que estaban genuinamente preocupados por lo que nos hubiera podido suceder. Pero no nos importó, porque había sido una día muy especial, de esos que recuerdas con todo detalle aun pasados muchos años y porque los otros tres visitantes que había en el hotel ese día se limitaron a asomarse al mirador y a mirar sin ver nada.

Nos pusimos en camino y llegamos a la ciudad de Gokarna ya de noche. Nos metimos en el primer hotel que encontramos y no recuerdo en absoluto cómo era, pues llegamos tan derrengados que el que hubiera un cama en la habitación nos pareció lujo suficiente.

DÍA 23 — GOKARKA — MARGAO

Tras visitar el templo local (algo que ya ni me molesto en mencionar, porque era ya una actividad que hacíamos por defecto, como quien dice), emprendimos el camino.

Gokarna está en la costa y alejada de las vías principales. Nuestra decisión de ir paralelos al mar, que es más bonito, nos retrasó bastante, porque las carreteras eran decididamente peores. Así es que tuvimos que sufrir un poco.

El paisaje había cambiado radicalmente. Había mucha vegetación, como más al sur, pero era otra vegetación. Y ríos a mansalva, muchísimos, y todos con tan gran cantidad de agua que habrían hecho secarse de envidia a los españoles. Las carreteras estaban bordeadas por inacabables hileras de inmensos árboles que proporcionaban sombra al viajero. Allí los monos eran legión y, cuando te detenías, tenías que estar ahuyentándolos continuamente para que no te robaran nada. Pero el camino era bellísimo.

Pasábamos por una aldea cercana a Karwar (que está en las coordenadas 14°48′49″ Norte y 74°7′46.99″. Este, por más que este dato no le sirva de mucho al lector), cuando vimos el anuncio de una película india que tenía buena pinta. Como íbamos bien de tiempo, decidimos verla en la sesión matinal (que empezaba a las 12:00) y, tras preguntar en qué lugar se encontraba el cine, nos dirigimos por una pequeña carreterita al lugar que nos indicaron. Aquello parecía una selva de película, pero a la vuelta de una curva encontramos el «cine», un pequeño edificio de madera con techo de hojalata. Casi no encontramos entradas de tanta gente como había en aquel claro de selva. Disfrutamos de la película sentados en un banco corrido y en medio de un público que ya se sabía la película de memoria, que decía los diálogos al tiempo que los actores y coreaba las canciones.

El cine es en la India no solo una industria muy boyante, sino también una forma de amalgamar a la población en aspectos como la lengua, pues las películas en lengua hindi se proyectan en todo al país y las ve todo el mundo. Todos ven todas, hasta las peores (las buenas se las ven muchas veces), lo que las hace altamente rentables. Además, con ellas se consigue una normalización de las distintas variedades del idioma y un conocimiento de cómo es la forma de vida de otros estados.

Al poco rato llegamos a la desembocadura del río Kali, donde ya sabíamos que teníamos que tomar un transbordador para cruzarlo, pues no había puente en esos días lo suficientemente ancho para cruzarlo.

Lo que no sabíamos era que el transbordador había decidido no transportar vehículos desde junio a octubre, por alguna razón ignota. Se nos dijo que tendríamos que retroceder hasta el interior y dar una gran vuelta que añadiría más de cien kilómetros a nuestra ruta.

Vimos, sin embargo, que en el techo del transbordador que se hallaba dispuesto a salir estaban cargando algunas bicicletas y mi madre se aplicó a la tarea de convencer a la «naviera» de que una moto se parecía mucho más a una bicicleta que a un coche y que por qué no se podía llevar como si fuera una. El techo no aguantaría el peso, dijeron. Siguió a esto un largo rato de argumentación —que yo no entendía en absoluto—, pero al final el asunto se resolvió. Cargaron la moto de una manera insólita y absolutamente precaria en un costado del pequeño transbordador y la ataron con cuerdas. Cuando empezaron a subir a pulso la moto entre cinco, las docenas de curiosos que se habían reunido para ver en qué paraba todo aquello comenzaron a aplaudir.

Cruzamos el río, las cuerdas estaban flojas y la moto se balanceaba peligrosamente, pero el piloto y su ayudante se mostraron optimistas y nos aseguraron que no pasaría nada y que la moto no acabaría en el agua.

Llegados a la otra orilla, les dimos las gracias y continuamos nuestra ruta hacia el estado de Goa.

DÍA 24 — MARGAON — CALANGUTE

El estado de Goa fue colonia portuguesa desde 1510. En 1947, cuando la India consiguió independizarse del dominio británico, Portugal insistió en quedarse por allí, para ver qué podía rascar aún. Jawaharlal Nehru, primer ministro indio, les pidió por favor que se fueran, pero sin éxito. En 1961 se hartó de la cabezonería lusa y mandó las tropas. Pero no se disparó ni un tiro, pues en cuanto las vieron venir, los portugueses decidieron que el colonialismo era una cosa muy fea y que ya era hora de que los goanos se integraran en la Unión India.

Lo que la gente olvida es que desde 1580 —año en que Felipe II se ciñó la corona de Portugal— hasta 1640 —momento en que este reino se independizó de España—, Goa y las otras posesiones portuguesas de ultramar fueron españolas. En el casco viejo de Panaji, la capital, hay aún monumentos y comercios con letreros en castellano.

Para mí Goa resultaba atractiva por sus playas, entonces llenas de *hippies* que pasaban allí el invierno y marchaban a Kathmandú en verano, lugares ambos donde conseguían *hashish* a precios irrisorios. El lugar se caracterizaba porque la mayoría de la población era cristiana y porque la totalidad de la población bebía al estilo cosaco.

La ventaja del lugar era que el hindi estaba allí más extendido y podíamos (mi madre podía, vaya) entendernos mejor. Recuerdo un alto para desbeber que hicimos en el camino a Calangute (la playa por antonomasia del lugar), porque en medio de un campo aparentemente solitario surgieron de no sabía dónde varias decenas de personas que, intrigadas por aquellos extranjeros locos en moto, decidieron preguntarnos nuestra vida y milagros, porque no hay rasgo humano más generalizado en el planeta que el cotilleo.

Sentados en la cuneta, mi madre y yo parecíamos dos *guru* o maestros religiosos adoctrinando acólitos. Algunos nos hacían preguntas en hindi, otros decían palabras inconexas y descontextualizadas en inglés para que viéramos que las sabían y yo, como no me enteraba, me dedicaba a tratar de descifrar las frases inglesas de nuestra guía turística. Recuerdo bien que me intrigó especialmente el término 'Churchgate Reclamation', que más tarde he sabido que se refiere a un trozo de terreno en la península de Bombay que se terraformó y se le quitó al mar, pero que en aquel tiempo no conseguí entender del todo.

Al parecer, informaron a mi madre de todo lo que había que saber sobre la playa a la que nos dirigíamos: dónde convenía bañarse para evitar las corrientes peligrosas (era océano abierto: el Índico, que no se anda con bromas), en qué chiringuito ofrecían el marisco mejor y más barato y otras perlas de conocimiento que nos fueron más útiles, por ejemplo, que los logaritmos.

En el camino, paramos en Panaji, visitamos su barrio antiguo y vimos iglesias coloniales a porrillo. En ellas, al pie de las imágenes de la Virgen, los fieles solían depositar plátanos y piñas, porque todos aquellos cristianos conversos hacía cinco siglos habían sido antes hindúes y no se habían desprendido de las costumbres ancestrales. Ponerles velas a los santos es una costumbre occidental. En la India, los santos prefieren las guayabas, los mangos, los lichis y las papayas.

Panaji se halla en la desembocadura del río Mandovi y tenía un magnífico puente que lo cruzaba. (Lo tenía entonces, porque la siguiente vez que fui por allí, el puente se había caído y había que cruzar el río en transbordador, lo que daba la razón a don Heráclito).

Por fin, ya de noche, Calangute. Cenamos unas gambas tan picantes que igual podrían haber sido pedazos de cartón húmedo: no habríamos notado la diferencia.

Aquella noche, ya en hotel de la playa, mi madre me confesó algo que seguro que habría estado torturando su mente durante los últimos días: nos habíamos quedado completamente sin dinero para continuar el viaje.

DÍA 25 — CALANGUTE

Completamente significa completamente y no otra cosa. No teníamos más que calderilla y la moto estaba en la reserva, así que aun suponiendo que nos decidiéramos a viajar durante diez o doce días días sin comer en absoluto y durmiendo en las cunetas, con la gasolina que quedaba en el tanque difícilmente podríamos hacer los más de mil ochocientos kilómetros hasta casa, por muy optimistas y arrojados que fuéramos.

¿Cuál era el plan B de mi progenitora? Plan B no tenía; el plan C era conseguir que el hotel nos financiara, por así decirlo, un telegrama (una conferencia telefónica era entonces mucho más cara), para mandarlo a la Embajada en Nueva Delhi pidiendo socorro (por socorro entiéndase un sustancioso giro postal) y atrincherarnos en el hotel esperando su llegada, para poder pagarlo y seguir camino. Todo ello suponiendo que la Embajada se lo creyera y mandara fondos, algo mucho más improbable de lo que parece al contarlo.

Nos dirigimos a buscar al gerente del hotel, que no estaba ni volvería hasta bien entrada la tarde, y no tuvimos más remedio que esperar. Fuimos a la playa a hacer tiempo y recuerdo que ayudamos a unos pescadores a empujar una barca desde la arena a la orilla. Yo me entretuve iniciando una colección de conchas marinas tamaño gigante. Estábamos bañándonos cuando apareció a nuestro lado, con el agua a la cintura, una anciana completamente vestida con un *sari*, que llevaba sobre la cabeza una cesta. La buena mujer vendía cerveza a los bañistas dentro del mar, para que no tuvieran que molestarse en salir. Aquello no tenía mucha lógica, porque la gente no suele bañarse con el monedero en el bolsillo. En fin: salimos del agua y le compramos una botella para tomarla más tarde. Pero como la vendedora insistía en que nos la tomáramos ya, porque quería llevarse el casco, tuvimos que verter la cerveza en un cubo abandonado —de esos de jugar con la arena para hacer castillos— que había por allí.

Y un rato después, cuando estábamos de nuevo en el agua bebiéndonos la cerveza en aquel cubo de plástico amarillo (lo recuerdo como si fuera ayer), escuchamos una inesperada frase.

—¡Hola, Mariluz!

Alguien hablaba castellano en el paralelo 15 y se dirigía a mi madre por su nombre.

Era un individuo alto y con greñas, completamente tostado por el sol y con un bañador de florecitas, algo no muy habitual entonces.

—¡Hola! ¿Quién eres?

(A mi madre le pasaba como a mí, que no se acuerda de la gente a la que le presentan).

Aquel señor dijo que la recordaba porque en cierta ocasión, años antes, habían coincidido en algún *party* de esos de las embajadas.

Empezó el «¿cómo tú por aquí» y todo eso, y nos contó que era psicólogo y que estaba por allí haciendo experimentos con los drogadictos, aunque no dijo si financiado por alguna entidad o por su propio placer. Tenía a un *hippy* —que le esperaba en la orilla—, con taparrabos y barba de años, al que le servía de «maestro espiritual» mientras le estudiaba.

El caso es que, pese a estar todavía en el agua, nuestra falta de liquidez salió a relucir y entonces aquel *Deus ex maquina* (porque ese y no otro denominativo era el que mereció) nos dijo tranquilamente:

—¡No pasa nada! ¡Yo os presto cuarenta dólares muy a gusto!

En 1972, cuarenta dólares eran cuarenta dólares y no esa cantidad ridícula que es en la actualidad.

Así se solucionó nuestro problema. Pasamos el resto del tiempo... ¿disfrutando de la playa? Realmente no, porque tuvimos que estar todo el día escuchando agradecidos todo lo que aquel inesperado benefactor nos contaba y, como el hombre era pesado hasta decir «¡basta!», y como todos los psicólogos están como una cabra de los Alpes dolomíticos, nuestro alivio financiero se vio ensombrecido por unas cefaleas que nos duraron hasta Bombay.

DÍA 26 — CALANGUTE — CHIPLUN

Dejamos atrás Goa con algo ya de nostalgia por mi parte, porque no íbamos a pisar ninguna otra playa en nuestro trayecto. (¿He dicho ya en algún sitio que aquel viaje tuvo lugar en agosto?). Entramos en el estado de Maharashtra que resultó tener en su parte sur un paisaje extremadamente verde salpicado de negrísimas rocas de basalto. Nos dirigíamos —despacito— a la ciudad de Chiplun, porque, realmente, no teníamos ninguna prisa en llegar a ella, ya que si abres una guía turística para ver qué hay allí digno de ser visitado, probablemente te encontrarás con que esa página está en blanco.

La Lambretta tampoco tenía gran entusiasmo por cubrir esa etapa, porque optó por estropearse y dejar de funcionar. Estuvimos hurgando en sus tripas, sin adivinar la causa de la avería y entonces llegaron a la vez el monzón y un mecánico.

En menos de cinco minutos tuvieron lugar los dos sucesos. Una intensísima lluvia descargó sobre nosotros por indicación del dios Indra, que es quien tiene la contrata de las tormentas en el panteón hindú. El agua era tanta que casi no veías a medio metro. En cambio, no resultaba fría, sino muy agradable en aquel clima cálido y pegajoso.

Y un señor en motocicleta se detuvo, dijo ser mecánico, revisó el motor de nuestro vehículo, diagnosticó que estaba roto el no-sé-que y, como había que cambiarlo, se ofreció a ir por la pieza al pueblo más cercano (a 12 kilómetros) y volver con ella para ponerla.

Así es que mi madre y el mecánico se montaron en la motocicleta y desparecieron montaña arriba (era un puerto) y yo me quedé bajo un árbol, cuidando las desmontadas piezas de nuestra moto y junto a un puñado de señores que se sentaron en la cuneta para hacerme compañía y ver el final de aquella película que, en realidad, no tenía un argumento demasiado sorprendente.

Nada más digno de mención pasó aquel día. Volvieron con la pieza, la moto se reparó, reemprendimos el camino, llegamos a Chiplun y ya está.

DÍA 27 — CHIPLUN — MAHABALESHVAR

Siguiendo en nuestra ruta, porque quedarse por aquellos andurriales para los restos no parecía una buena opción, decidimos rentabilizar nuestros recién adquiridos dólares ahorrando gasolina de las maneras más hábiles y las más estúpidas, como, por ejemplo, evitar los acelerones en la moto o apagar el motor en las cuestas abajo.

Habría sido más sensato, probablemente, eliminar alguna ciudad de nuestro itinerario: no subir hasta del norte del estado de Maharashtra, como teníamos previsto, y dirigirnos directamente a Bombay, donde había un consulado que —esperábamos— nos facilitaría unos billetes de tren a Nueva Delhi, trayecto para el cual nuestro dinero era insuficiente.

Empero, como no queríamos perdernos las maravillas arquitectónicas de Ajanta y de Elora (e hicimos muy bien en no saltárnoslas), tuvimos que racionarnos hasta los alimentos, como suelen hacer en las novelas de aventuras todos los náufragos y los que se caen de un avión en un desierto. Pero ¿no era nuestro viaje también una aventura en toda regla? A partir de ese momento, nos albergamos en hoteles mucho más económicos (y muchas más otras cosas) y limitamos bastante nuestra alimentación. Bastantes de nuestras comidas por el camino consistieron en café y en las galletas Britannia ya mencionadas. Lo que pudimos ver gracias a este ahorro mereció sobradamente la pena.

Nos preocupamos más también de documentar nuestro viaje, no solo apuntando trabajosamente los nombres de los mil y un poblados que se empeñaron en ponerse en la mitad de la carretera por la que veníamos, en vez de estar situados a un lado de ella, sino también mediante fotos de todos los momentos curiosos y pintorescos de nuestros días. Los pequeños bocetitos que ilustran esta narración y que mi madre se entretenía en hacer todas las noches en condiciones dificultosas (y sin goma de borrar, lo que entraña mucho más mérito, porque lo que dibujaba dibujado quedaba) resultaron, a la larga, más efectivos que las fotografías que tomamos, porque el papel normal perdura y el fotográfico acaba quedando desvaído con los años.

Como fuere, a partir de ese día hicimos más fotos… de las que no se conserva ninguna, porque nada más llegar al término de nuestro viaje en Bombay nos robaron la cámara con el carrete dentro. Hay en esto una lección que aprender.

Alguna sí conservo de aquellas jornadas: la moto en medio de unos rebaños de búfalos que creían (y creo que hacían bien en creer) que la carretera era completamente suya.

Nuestro destino ese día era Mahabaleshvar, otra estación de montaña cercana a la ciudad de Pune, famosa por… por eso nada más: por estar en una montaña y tener un clima fresquito. Nada más hay allí que merezca la pena consignar, aparte de unas pocas ruinas. Podría decirse que está plagada de miles y miles de monos, pero como esto sucede en otras muchas localidades, el hecho no tiene nada de especial.

Fue la capital de la Presidencia de Bombay con los británicos, que concentraron sus esfuerzos en tres actividades principales: saquear la India, evitar el calor y consumir todo el alcohol que sus cuerpos eran capaces de asimilar. Así es que asociaban las estaciones de montaña con las vacaciones, con el ocio y con el *whisky* y el *gin-tonic* en cantidades industriales y desde primera hora de la mañana, acomodados en tumbonas en las verandas de los *bungalows*, mientras algún colonizado tiraba incansablemente de una cuerda para mover un enorme abanico de techo que diera aire fresquito a los heroicos oficiales ingleses que se sacrificaban con esa vida y soportaban «el infierno de la India» para grandeza del Imperio y de la reina Victoria. Algunos de los más civilizados de estos dominadores ingleses extremaban su bondad hasta el punto de no usar el látigo con sus sirvientes.

Este era el ambiente que se respiraba en aquel lugar, pues todo allí hablaba no del presente, sino de esos tiempos ya pasados en los que nueve millones de británicos mandaban sobre el destino de doscientos millones de indios.

Excuso decir que no disfrutamos del lugar. Nos fue difícil encontrar un hotel (estaban todos en las afueras de la ciudad y prácticamente escondidos en medio de la vegetación). Todo eran cuestas y nuestra política de «no acelerones» fue complicada de implementar. Además, lloviznaba y hacía un frío tremendo. Llegamos completamente empapados y ateridos. ¡Váyase usted a la India en agosto para quedarse congelado!

DÍA 28 — MAHABALESHVAR — AHMEDNAGAR

Hay en los alrededores de Mahabaleshvar unas cascadas tan mundialmente famosas que si pasas por allí y no las visitas, se lo toman muy a mal. Así es que, más por cortesía y por no romper el protocolo del lugar que por otra cosa, dedicamos algunas horas a visitarlas. No estaban nada mal, todo hay que reconocerlo, pero nosotros veníamos de ver Jog Falls y aquello nos pareció realmente insignificante. Ese es el problema de comparar y de toparte con algo realmente impresionante, en cualquier orden de cosas. Si has subido a los montes Himalaya, el Cerro de los Ángeles no te quita el aliento y si has oído a Mozart, te cuesta más apreciar la música de Los Chunguitos.

Y en cuanto bajamos los Ghats occidentales, se acabó la llovizna continua, se acabó la vegetación, se acabó el agua, ¡se acabó hasta la gente! (algo que en la India parece realmente imposible) y nos encontramos literalmente en medio de un desierto. El sol no era de justicia, porque nos quemó de forma muy injusta y los habitantes del lugar (caso de que los hubiera habido) no se habían tomado la molestia de plantar árboles a los lados de la carretera, como sucedía en otros estados y climas que lo necesitaban menos. Quejarse del calor no lleva a ninguna parte y simplemente tuvimos que viajar con los rostros enrollados en pañuelos. Los ojos nos quemaban y la chapa de la moto ardía también, haciendo la etapa desagradable.

No ocurrió ninguna aventura ese día. Es verdad que viajamos durante mucho tiempo sin encontrar ni un pueblo y con poquísima gasolina. Temimos quedarnos tirados allí, en mitad de una nada caliente, pero eso no pasó. Finalmente, en una diminuta aldea, pudimos comprar una lata de cinco litros (gasolinera como tal no había). Sin embargo, el miedo que pasamos a quedarnos tirados por ahí fue importante y todavía lo recuerdo muy bien, a diferencia de otras impresiones que se pierden con el tiempo.

La ciudad de Ahmednagar parecía prometedora. La etapa había sido de las largas (230 kilómetros de los de entonces: entiéndase, por carreteras infames) y se nos hizo de noche. Ansiábamos llegar y reponer fuerzas, por lo que el resplandor urbano que vimos en medio de la noche nos animó mucho. Otra cosa es que, cuando llegamos al destino, aquello resultó ser un poblacho inmundo con más farolas que casas. Caímos en un hotel infame, nos picaron los bichos y por la noche alguien, probablemente borracho, nos despertó dando fuertes golpes en la puerta de nuestra habitación. No abrimos y estuvimos escuchando con atención hasta que los empleados del hotel se lo llevaron a rastras y dando berridos. Parecía que le conocían de sobra y que solía hacer lo mismo todas las noches, quizá para entretenimiento de los huéspedes.

DÍA 29 — AHMEDNAGAR — AURANGABAD

Durante este día solo viajamos, porque Ahmedabad no parecía tener muchos encantos. Nos dirigimos a Aurangabad, ciudad nombrada en honor del emperador mogol Aurangzeb, que en el siglo XVII se hizo famoso por aprisionar a su padre, asesinar a dos hermanos suyos y destruir unos cuantos miles de templos hindúes. Una nutrida parte de la población se convirtió al islam para salvar el pellejo y la labor de conciliación hindumusulmana que habían trabajosamente hecho los emperadores anteriores se fue a hacer gárgaras, por decirlo de una manera directa.

La ciudad se llama de otra manera en la actualidad: Sambhajinaghar, en honor del caudillo hindú que se enfrentó a los mogoles: puro revanchismo toponímico para dar trabajo a los cartógrafos.

Este caudillo —Chhatrapati Shivaji— detuvo el avance de los musulmanes en esta zona (con la intención de hacerse lo suficientemente famoso como para que, siglos más tarde, le pusieran su nombre a un aeropuerto importante) y libró de esta manera a los estados del sur del influjo islámico, permitiendo al hinduismo conservar allí su esencia y a las estatuas de sus dioses conservar las narices, pues la práctica habitual en la profanación de templos que llevaban a cabo los musulmanes consistía en usar el martillo para privar de su apéndice nasal a las deidades, para que de esta forma no se las pudiera adorar. Aparte del elemento religioso, el daño al patrimonio artístico en cientos de miles de lugares de la India fue cuantitativamente indescriptible.

En aquella zona, la orografía ayudaba mucho a la defensa, pues había muchas colinas planas que parecían pensadas *ex profeso* para que se construyeran encima unos fuertes inexpugnables que permitían un control total de las planicies. Digamos que allí la naturaleza se alió eficazmente con la resistencia al invasor.

A la salida de un pueblo nos caímos por sexta vez para no atropellar a un perro que se cruzó alocadamente en nuestro camino. Creo recordar que no nos hicimos daño o, si nos lo hicimos, no nos importó, porque el animalito salió ileso.

Sin embargo, en el dibujo *ad hoc* que hizo mi madre sobre el suceso, aparecíamos efectivamente pisando al can. Pero lo justificó diciendo que siempre conviene literaturizar un poco la vida, con el objeto de embellecer los relatos.

DÍA 30 — AURANGABAD — AJANTA — AURANGABAD

El clímax del viaje tenía que ser la visita a los emplazamientos de Ajanta y Elora, que son Patrimonio de la Humanidad.

Aunque bien mirado, absolutamente todo lo construido por el hombre es *de facto* patrimonio de la humanidad, aunque nos haya salido feo y no nos guste. El hecho de que reconozcamos algunos algunos emplazamientos como especialmente merecedores de cuidado y conservación parece indicar que los otros lugares no lo son.

Pero estoy divagando. Lo que he de contar es que tras instalar nuestro cuartel general en la ciudad, visitamos muy temprano el Bibi ka Maqbara, quizá la más lograda de las innumerables tumbas mogoles de la India que imitan al Taj Mahal de Agra y que, pese a la belleza innegable de todas ellas y de ser semejantes en diseño y partes, no consiguen su belleza. ¿Por qué? Son igualmente de mármol labrado, tienen minaretes incluso más altos y preciosos jardines en derredor. ¿Dónde está el secreto? Pues en la proporción. Las otras construcciones son un poco más estrechas, un poco más anchas, un poco más algo. El Taj es sencillamente perfecto.

Ajanta consta de una serie de cuevas que se encuentran en los meandros de un río. Son 29 y contienen magníficos frescos y estatuas de Gautama Buddha. Se trabajaron en el siglo II a. C. y estuvieron «perdidas» durante siglos hasta que en 1819 los británicos las «encontraron». Publicitaron aquello como una prueba de la falta de civilización india, que olvidaba sus tesoros artísticos. El caso es que el budismo dejó muchos siglos atrás de tener presencia importante en la India (los adeptos a esta filosofía/religión no llegan al 0,8 % de la población) y las cuevas no estaban olvidadas: simplemente no había budistas bastantes que se preocuparan de peregrinar allí en unos siglos en los que el turismo no existía como tal.

Pero el lugar era impresionante. Tallas de todos los *bodhisattvas* o encarnaciones anteriores del Buddha, pero... todas iguales. ¡Ah, desilusión! El arte budista es completamente estático, hierático y repetitivo, en contraste con el arte hindú, lleno de variaciones y de movimiento. Aun así, las largas hileras cientos de pequeñas representaciones del maestro te dejaban igualmente con la boca abierta, así como los elaboradísimos pórticos que en la piedra se habían esculpido en las entradas a las grutas.

Magnífico. Pero todo tiene siempre su parte negativa y si en el contexto occidental existe el concepto denominado «síndrome de Stendhal» —en el que la contemplación de demasiada belleza embota tu capacidad de apreciarla—, algo semejante habría que crear para hablar del calor que te impide disfrutar de cualquier maravilla si el sudor te cae abundantemente por delante de los ojos y por todas las demás partes de tu cuerpo y el sol te produce tremendas neuralgias. Recuerdo aquel día como el más caluroso de mi vida, pese a haber estado en otras ocasiones en un desierto de verdad.

El lugar no era entonces el destino turístico que es hoy y lo visitamos prácticamente en solitario. No había cercas ni guardas, ni se había de pagar entrada. Para poder apreciar los frescos del interior de algunas cavernas, unos niños que estaban por allí te iluminaban las paredes con unas linternas a cambio de una propina y de un poco de conversación para saciar su curiosidad.

Cuando regresamos, estuvimos arrastrando durante un rato un cable que se había soltado de algún sitio, así es que tuvimos que llevar la moto a un mecánico. Afortunadamente, los talleres de Aurangabad estaban abiertos hasta altas horas de la noche, probablemente porque aquellas carreteras de piedras puntiagudas generaban mucho trabajo para ellos.

DÍA 31 — AURANGABAD — ELORA — AURANGABAD

Miguel Ángel dijo que para hacer una escultura se tenía que tomar un gran trozo de mármol o piedra y quitar lo que sobraba. El secreto está en saber qué es lo que sobra, lo que parece lo más difícil de todo cuando se trata de arte y cuando el artista se encariña irracionalmente con las peores partes de su obra y se niega a renunciar a ellas.

Los arquitectos que construyeron el complejo del templo del Kailash sabían lo que sobraba. En su ambicioso proyecto, tomaron una montaña entera, quitaron lo inútil y dejaron una impresionante construcción monolítica de varios pisos repleta de estatuas, para recrear uno de los mitos más conocidos del hinduismo.

El demonio Rávana, deseoso de desestabilizar el monte Kailash, la morada del dios Shiva, emplea toda su fuerza para hacerlo caer. Shiva, que se encuentra en esos instantes con su esposa Párvati, aprieta el suelo con el dedo del pie y atrapa al demonio, que tiene que pasarse mil años cantando las alabanzas del dios, hasta que este le perdona.

El complejo de templos incluye más de treinta cuevas, que pertenecen al hinduismo, al budismo y al jainismo, porque —pese a lo que se pueda decir— estas tres formas de entender el universo se llevaron bien históricamente y aprendieron unas de otras.

La belleza de las tallas de Elora y la monumentalidad del proyecto, iniciado en el siglo VII, no soy yo quien puede describirlas adecuadamente. En las veces que he vuelto a visitar el lugar me han impresionado más y más, considerando las dificultades superadas y la calidad del resultado obtenido. ¿Por qué hacen estas cosas los hombres? ¿Por devoción a los dioses, existentes o no? Solo por haber sido el impulso que llevó a un pueblo a crear estas maravillas, ya se les pueden perdonar a los dioses muchas de sus injusticias y sus olvidos.

DÍA 32 — AURANGABAD — NASIK

Cualquiera podría pensar que hubo días vacíos en nuestro viaje: visitas a monumentos olvidables, paisajes monótonos, etapas insustanciales y sin nada digno de mención.

Pero la India —y los viajes por la India— no son así. En otros periplos que emprendí en años sucesivos tuve sobrada ocasión de comprobarlo.

Aquel desplazamiento hasta la ciudad de Nasik, centro comercial y ferroviario sin especial importancia cultural ni paisajística, nos deparó la última de las caídas, que sin ser grave, acabó de deteriorar nuestros codos, rodillas y moto.

Fue una mancha de aceite en la carretera. Sin aviso previo, me sentí flotar en el aire y rebotar contra el suelo. Y desde allí contemplé a mi madre, caída encima de la moto, que iba alejándose a medida que el vehículo se deslizaba por la carretera sin que pareciera que tuviera visos de detenerse. Cubrió un montón de metros de esta manera.

Y luego, lo previsible: un autobús que se detiene, unos campesinos que nos rodean para mirarnos, unos señores salidos de no se sabía dónde que nos preguntan qué nos ha pasado (que nos habíamos caído: eso era algo obvio, pero a la gente le gusta preguntar cosas que sabe, como «¿has venido?» o «¿estás aquí?»), otros que nos señalan las heridas sangrantes con el dedo y nos informan de que estamos sangrando por esas heridas... en fin: que la gente es igual en todas partes.

La moto siguió funcionando: no nos traicionó, pero se partió el manillar del freno de mano (nos pasamos sin él en lo sucesivo) y la chapa quedó toda abollada y casi sin pintura. Una verdadera lástima.

Afortunadamente llevábamos alcohol, gasas, vendas y polvo de sulfatiazol en cantidades ingentes y nos curamos en la cuneta bajo la atenta mirada de varias docenas de personas que, por lo visto, ese día estaban de vacaciones y no tenían que ir al campo ni a la oficina.

Recuérdese que era el séptimo de nuestros accidentes y valórese nuestra práctica en caer bien en la India (no en lo relativo a la simpatía, sino a la fuerza de gravedad), porque en ninguna de esas ocasiones nos partimos nada.

Nasik resulta que es «la capital del vino» de la India, pero ni nosotros lo sabíamos entonces ni tampoco vimos vino por ningún lado, a diferencia de Goa y Pudduchery, donde el lector atento recordará que todos los herederos de los franceses y portugueses pimplaban a mansalva.

No recuerdo más de ese día, salvo la cara de estupefacción que pusieron los recepcionistas del hotel al vernos entrar con los pantalones desgarrados, cubiertos de barro y con un montón de vendas por todas las extremidades.

Antes del accidente, habíamos subido a visitar el fuerte de Daulatabad, inmensa construcción sobre una colina. Desde sus altas almenas, la resistencia hindú, al mando de su caudillo Shivaji, detuvo —como he contado ya— el avance de los mogoles hacia el sur a base de heroísmo y escupitajos.

DÍA 33 — NASIK — BOMBAY

La ciudad de Bombay —dicen— tomó su nombre del portugués *'boa baía'* [buena bahía] y ha recuperado ya su antigua nomenclatura de Mumbai. Es la capital financiera y cinematográfica del país, su más cosmopolita metrópoli y una auténtica trampa para humanos, por lo que ahora mencionaré.

Se encuentra situada al final de una larga y estrecha lengua de tierra que se adentra en el mar Arábigo y su estrechez obliga a sus habitantes (tanto a los ricos del final de la península como a los pobres del principio) a un inevitable hacinamiento.

Salimos de Nasik al día siguiente y cuando los mojones indicaban que estábamos a unos ochenta kilómetros de Bombay, comenzamos a ver sucesivos barrios de chabolas y ya no dejamos de verlos hasta el final del camino. No quedaba campo. Todas las poblaciones cercanas a la metrópoli se habían unido en un descomunal suburbio de aspecto desolador. Tras las maravillas arquitectónicas y los paraísos naturales, la India se presentaba ante mis ojos como un compendio de horrores, donde la gente sobrevivía en condiciones infrahumanas.

Hay que detallar esto.

La India no es así. Tiene sus ricos y sus pobres, sus ciudades prósperas y sus aldeas menos prósperas. Pero en el campo, los menos favorecidos pueden vivir con dignidad. Sin embargo, en los suburbios de las cuatro metrópolis —Bombay, Delhi, Calcuta y Madrás— se encuentran los que dejaron la India rural y buscaron un trabajo mejor remunerado en las fábricas de las ciudades. Los que no lo consiguieron habitan estos poblados donde las condiciones de vida son realmente terribles. Son bolsas de pobreza realmente impactantes, pero no son la India: simplemente se encuentran en la India.

Todo eso lo entendí más tarde, tras conocer en mucha más profundidad el país. Aquel día, sin embargo, quedé sobrecogido por el grado de miseria que el ser humano puede llegar a soportar.

La entrada en Bombay fue larga y laboriosa. Una calle interminable que adoptaba diversos nombres, pero que seguía siendo la misma, con un tráfico tan endiablado como divertido. Sé que mi madre sufrió y que el embrague de la moto quedó tan exhausto como ella, pero yo me dediqué a ver mucha más diversidad de la que había contemplado durante aquel mes, pues Bombay es el punto de reunión de todas las gentes del país. Tendría ahora que remedar el estilo de los escritos indios de Kipling, que en historias como *Kim* describía prolijamente a todos los tipos humanos que habitaban aquel puerto franco tan cosmopolita, al que no sin razón se le llamó «La puerta de la India».

Buscamos el viceconsulado de España, dijimos «¡Hola!» allí para que los teletipos no empezaran a hablar de súbditos españoles desaparecidos, comprobamos que nos habían robado la cámara de fotos en la puerta del viceconsulado (la habíamos dejado imprudentemente colgada en el manillar de la moto), reservamos billetes de tren de regreso a Nueva Delhi (no habíamos podido hacerlo con antelación por no saber qué día llegaríamos) y nos instalamos en un suntuoso hotel del Marine Drive (el paseo marítimo, el lugar más *posh* de la ciudad, frente a la bahía), gracias a un préstamo personal (creo que se dice así) que la vicecónsul tuvo a bien concedernos. Esta amable mujer se llamaba Lobo, un apellido que llevaron los portugueses y que se quedó por allí.

Aquella tarde visitamos la tumba de Haji Ali Shah Bukhari un santo sufí que se empeñó en que no se le enterrara, sino que se le arrojara al mar. Sus devotos así lo hicieron, pero luego se empeñaron en construirle una tumba allí donde habían dado su cuerpo a las aguas. El edificio, de precioso estilo indoislámico, está en el agua, a 500 metros de la orilla, conectado con esta por un estrecho camino de piedra de seis metros de ancho.

Caminamos por él, mientras las olas rompían a ambos lados de la pasarela. El lugar recibe miles de visitantes los jueves y los viernes, pero aquel día era martes y casi no había nadie. Admiramos la mezquita adyacente a la tumba y estuvimos dos horas escuchando cánticos en honor del santo, los denominados *qawwalis*, la música religiosa del sufismo, interpretada —o así nos lo pareció— exclusivamente para el santo y para nosotros.

Cuando nos dispusimos a regresar, el camino no estaba. El agua se lo había tragado. Con las mareas, la mezquita se convertía en una isla y aquella especie de puente quedaba sumergido, aunque algunas estacas a los lados indicaban su trazado. Recorrimos aquel medio kilómetro caminando literalmente sobre el mar, con el agua por los tobillos primero y casi por las rodillas después, mientras oscurecía. Nos sentíamos lógicamente asustados por el peligro y maravillados a la vez por la intensa belleza del momento. Andábamos entre las olas teniendo enfrente las luces de la playa y detrás la música ya lejana, que aún se escuchaba en medio de la noche. Recuerdo que estábamos muy contentos.

DÍA 34 — BOMBAY

En el siglo VIII, para escapar de la persecución islámica, muchos mazdeístas de Persia abandonaron su tierra. Estos seguidores de Zoroastro o Zarathustra se refugiaron en la costa malabar de la India y allí han vivido desde entonces. Se les denomina 'parsis', tienen una visión maniquea del mundo, adoran al sol y —quizá la característica que les hace más exóticos— dan sus muertos a los buitres.

Nos levantamos antes del amanecer con el propósito de hacer algo que no se podía hacer: penetrar en las denominadas *dakhma* o «Torres del silencio» de Bombay, donde los parsis locales llevan los cadáveres de sus seres queridos para que sean devorados por aquellas aves carroñeras, entren de nuevo en el círculo de la vida y no se conviertan en podredumbre que deje impura la tierra en la que vivieron.

Entrar allí, por supuesto, parecía imposible. Ni siquiera los mismos parsis están autorizados y únicamente los porteadores y los encargados de retirar los huesos tras un tiempo tienen acceso a este lugar. Desafortunadamente para su ortodoxia, pero no así para nosotros, mi madre sobornó a uno de los guardas del lugar, que nos permitió recorrer durante unos diez minutos el recinto cerrado. Quiero pensar que aquella profanación nuestra mereció la pena, considerando lo que puedes aprender cuando miras a la muerte tan de cerca.

Se trataba de una construcción redonda de altos muros de color tierra, rodeada de altos árboles. En el interior había tres círculos concéntricos a diversos niveles. Se veían algunos huesos en el suelo, casi deshechos. Prácticamente en línea, unos junto a otros, cien o más buitres parecían dormitar. El silencio reinante justificaba el nombre, pese a hallarse este lugar en el extremo de la península.

Entonces, por uno de los pequeños accesos al círculo central, dos porteadores aparecieron llevando un cadáver. Vestían de blanco y también era blanco el sudario del cuerpo que transportaban. Lo depositaron en el suelo y creo entender que dijeron una breve oración. En cuanto se apartaron, los buitres volaron hacia el cuerpo. Las aves, a las que ya se veía grandes y fuertes en reposo, cuando abrieron las alas parecían inmensas. En un segundo rodearon el cadáver y comenzaron a desgarrar a picotazos la tela que le cubría. Pese a lo que pudiera uno imaginar, no pelearon entre sí, sino que los que se hallaban en segunda fila —no había sitio para todos alrededor del muerto— estaban como esperando civilizadamente su turno. Aunque lo veíamos de lejos, pudimos apreciar que el sudario se manchaba de sangre. Renuncio a describir el efecto que aquello nos causó.

El guarda que nos había permitido la entrada se acercó a nosotros y nos pidió que abandonásemos ya el lugar, «por respeto al finado». Aquel individuo que se había embolsado tranquilamente nuestras rupias quería, sin embargo, darle al fallecido unos últimos momentos de intimidad.

Durante el resto del día, visitamos un templo, un museo, un mercado muy curioso y algo más, pero nada de ello recuerdo. Algunos monumentos pueden ser impresionantes, sí; pero no hay construcción humana comparable a un buitre.

DÍA 35 — BOMBAY — ELEFANTA — BOMBAY

Ya llegaría el momento de «facturar» la moto, subirse al tren y dejarse llevar. Pero para mí, aquel anómalo viaje concluyó en Bombay, concretamente en la isla de Elefanta, a unos diez kilómetros del puerto, objeto de nuestra visita y colofón perfecto a todo lo anterior.

La *ilha do Elefante*, como la denominaron los portugueses en 1543 por una magnífica estatua de ese paquidermo que se encontraron nada más desembarcar en ella, fue capital de un antiguo reino y se la conocía como «la ciudad de las cuevas», por las que es famosa. Los lusos se llevaron la estatua, pero pesaba mucho, se les cayó al mar y la abandonaron. Como los bajorrelieves y las estatuas no exentas de las cuevas no eran susceptibles de trasladarse, los portugueses se limitaron a emplearlas como dianas para su tiro al blanco, dañándolas sensiblemente.

Las magníficas tallas datan de entre los siglos V y VIII y están dedicadas al dios Shiva y a la representación de su mitos. Son Patrimonio de la Humanidad desde 1987, pero en 1972 estaban completamente descuidadas e incluso la vegetación ocultaba la entrada de varias de ellas.

¿Se puede tener una epifanía a los catorce años? Yo, por aquel entonces, ni conocía esa palabra ni su ambiguo significado. Pero he pensado y recordado tantas veces a lo largo de los años aquel tiempo que pasé delante de la estatua principal del lugar, que cada vez me hallo más convencido de que eso fue: una transformación, un ver las cosas de otra manera. Un escritor con falsas pretensiones de estilo diría que se desveló ante mí el velo de Isis.

En el centro de la gruta principal, tallada en la piedra, se encontraba una estatua que mostraba las varias cabezas de la *trimurti* o trinidad hindú. El rostro frontal era el del dios Shiva, principio transmutador del universo (considerado destructor por aquellos que no se han molestado en leer nada sobre este aspecto simbólico del Absoluto). A los dos lados, Brahma, el dios creador, y Vishnu, el protector. Y por 'dios' hay que entender aspectos diferentes de una única realidad que lo abarca todo.

La belleza de aquel busto descomunal de más de siete metros era tremenda. Mostraba un exquisito detallismo barroco en los intrincados adornos de su corona y una inmensa serenidad y simpleza en el rostro. La verdad es que tanto mi madre como yo quedamos como hipnotizados. Por lo general, cuando has escuchado reiteradas descripciones de la calidad de una obra artística, quedas algo desilusionado cuando la contemplas de cerca. Aquí sucedía lo contrario: no había tarjeta postal ni relato escrito que hubieran logrado transmitir ni una pequeña parte de lo que allí había y de lo que la estatua transmitía.

No puedo asegurar con exactitud cuánto tiempo estuvimos allí, de pie primero y sentados en el suelo después, pero puedo decir que no fue menos de una hora entera de contemplación. A ratos estábamos callados; en otros momentos mi madre me contaba mitos relacionados con el shivaísmo. A veces yo me concentraba en el aspecto artístico del monumento y pensaba en su autor y en los siglos de devoción que habían tenido lugar. En otros instantes relacionaba aquellas cabezas con su sentido filosófico, con sus símbolos religiosos: el orden preservado por Vishnu y el desenfreno propiciado por Shiva. Apolo y Dionisos otra vez, al otro extremo del mundo.

Shiva —esa variedad, ese aspecto del Ser que lo es todo y fuera del cual nada hay— es la naturaleza: el rayo, la lluvia, la tormenta, la luna, la selva, la flora, la fauna, los elementos. Pero es más cosas. Es el dios del misterio, de la iniciación y de las fuerzas sobrenaturales y desconocidas del cosmos. Es el señor del *tantra* y del *yoga*. El dios del caos, de lo inclasificable, de lo peligroso, de lo inesperado.

Es el dios del tiempo, de la muerte y de la vida. Es el dios de la embriaguez, de la alegría, de la fiesta y la orgía, del mundo de lo lúdico, del erotismo y el placer sexual. Es el dios del conocimiento, del aprendizaje y de la enseñanza. Es el dios de la abnegación, del sacrificio y del ascetismo. Es el dios de los marginados y aquellos que son esencialmente o se hallan fuera de la ley. Es el dios de la representación y de las artes. Es, en fin, el dios de la totalidad y el principio de su culto es que nada existe en el universo que no forme parte del cuerpo divino.

Fui desde esos instantes y ya para siempre adorador, por así decirlo, de la naturaleza. Si algo me cambió radicalmente, no fueron tanto los templos, las mezquitas, los paisajes, las aventuras vividas en aquel épico viaje como aquellos minutos que estuve de pie, contemplando un viejo trozo de piedra que me mandaba un mensaje personal a través de los siglos.

Volví años más tarde a aquel lugar y la experiencia se repitió.

Este libro se publicó
en el mes de abril
del año 2024